Mmm
mmmmh
hhh...

Archäologie

Mit Spitzhacken, Pinseln und Pinzetten bewaffnet graben sich Archäologen quer durch Mecklenburg-Vorpommern. In den letzten Jahren gelangen ihnen dabei immer wieder spektakuläre Funde.

1 **Bei gutem Wetter laufen täglich gleichzeitig an bis zu 25 Orten im Land Ausgrabungen.**

Ausschlaggebend sind meist zwei Gründe: Entweder soll eine Theorie mit konkreten Funden bewiesen werden oder es sind wertvolle Kulturgüter vor anrückenden Baggern zu retten. Bei den „Notsicherungen" müssen Archäologen schnell handeln – sonst gehen wichtige Altertümer unwiederbringlich verloren.

2 **Groß Raden ist das größte archäologische Freilichtmuseum des Landes.**

Inmitten der Sternberger Seenlandschaft gruben Archäologen zwischen 1973 und 1980 eine über 1.000 Jahre alte Slawensiedlung samt Tempel aus. Aus den Funden rekonstruierten die Wissenschaftler den Siedlungskomplex und bauten ihn originalgetreu wieder auf – einzigartig in Norddeutschland.

3 **Die bekannteste Ausgrabung der letzten Jahre fand 2006 in Neubrandenburg statt.**

Über einhundert Wissenschaftler und Helfer gruben rund ein Jahr lang den Marktplatz um und förderten sensationelle Funde zutage. So fand man unter anderem das mittelalterliche Rathaus, Fundamente einer bisher unbekannten mittelalterlichen Markthalle und die Kellerräume des 1945 abgebrannten Stadtschlosses. Dort lagerten jede Menge Austernschalen – offenbar eine Leibspeise der ehemaligen Bewohner. Und noch ein großes Rätsel konnte die Grabung zumindest teilweise lösen: Reste von kostbaren Statuen gaben den entscheidenden Hinweis auf den Verbleib der seit 1945 verschwundenen Kunstssammlung der Stadt. Sie verbrannte wahrscheinlich bei der Bombardierung Neubrandenburgs am Ende des Zweiten Weltkrieges.

4 **Bevor die Ostseeautobahn A 20 gebaut werden durfte, war sie Deutschlands längste Ausgrabungsstrecke.**

Allein im Landesgebiet von Mecklenburg-Vorpommern wurden auf 280 Kilometern Länge 495 Bodendenkmale entdeckt – durchschnittlich alle 565 Meter eines. Die Funde entstammen einem Zeitraum von rund 10.000 Jahren. Überrascht stellten die Forscher fest: Die A 20 folgt, wenn auch unbeabsichtigt, in ihrem Lauf einer alten Handelsstraße von Hamburg nach Stettin. Zutage kamen unter anderem Wohnhäuser, Ställe, Burganlagen und Gräberfelder. Besondere Highlights waren ein jungsteinzeitlicher Siedlungsplatz bei Triwalk in der Nähe von Wismar und ein 6.000 Jahre alter Kupferschatz in Neuenkirchen. Auch über die Essgewohnheiten der „Ureinwohner“ M-Vs gewann man neue Erkenntnisse: Sie liebten gesüßten Hirsebrei und brauten alkoholische Getränke aus Hafer.

5 **Der sensationellste Fund der letzten Jahre ist die Entdeckung der historischen Handelsstadt Reric.**

Über 200 Jahre suchten Forscher nach dem sagenumwobenen Ort an der mecklenburgischen Ostseeküste, der lange den Handel im gesamten Ostseeraum beherrschte. Alte Chroniken überlieferten den Ruhm der mächtigen Marktmetropole und deren blutiges Ende. Im Jahr 808 n. Chr. überfiel sie der Dänenkönig Gudfred Reric mit seinen Truppen, brannte den Ort nieder und entführte die Kaufleute in das an der heutigen schleswig-holsteinischen Küste gelegene Haithabu. Spekulationen, wo Reric genau lag, gab es viele. Einige Forscher vermuteten, dass das heutige Lübeck mit Reric identisch sei, während sich andere ganz sicher waren, dass die Michelenburg, Stammburg der Obotriten, und Reric ein und denselben Ort bezeichneten.

Nach ersten Grabungen von 1989 bis 1991 und umfassenden Untersuchungen von 1995 bis 1998 steht für die meisten Experten heute fest: Reric lag bei Groß Strömkendorf vor der Insel Poel. Profis des Archäologischen Landesamtes und der Universität Kiel fanden unter anderem Hafenanlagen, Häuser, Gräber und 62.500 Scherben. Ihre Funde zeigen, dass der Siedlungsplatz offensichtlich eine multikulturelle Einwohnerschaft hatte. Wikinger, Friesen, Franken, Slawen und Sachsen lebten in der relativ kleinen Siedlung – man vermutet 100 bis 200 ständige Bewohner. Das zeigen die unterschiedlichen Gräbertypen im nahe gelegenen Grabhügelfeld. Das heutige Rerik hat mit der alten Siedlung übrigens nichts zu tun. Rerik hieß bis 1938 Alt Gaarz und wurde erst von den Nazis umbenannt. Damals glaubte man, in einem neu entdeckten Burgwall das alte Reric erkannt zu haben.

6 **Auf dem Ostseegrund schlummern jede Menge ungehobene archäologische Schätze.**

Die Ostsee ist ein wahres Paradies für Schatzsucher. Allein vor M-Vs Küste sind rund 1.400 archäologische Fundstellen bekannt – darunter 800 Schiffswracks. Ein richtiger Schiffsfriedhof befindet sich in der Tromper Wiek südlich vom Kap Arkona. Dort liegen über 50 gekenterte Schiffe. Sie stammen vor allem aus dem 18. und 19. Jahrhundert, aber auch aus dem Zweiten Weltkrieg. Das archäologisch wertvollste Wrack bargen Taucher 1997 vor Hiddensee – eine Kogge samt Ladung. Um 1339 gebaut, steht das Segelboot heute im Museum für Unterwasser-Archäologie in Sassnitz. Aber nicht nur gesunkene Schiffe liegen auf dem Meeresgrund. Auch die Überreste jahrtausendealter Orte sind unter Wasser konserviert. Weil der Meeresspiegel im Laufe der Zeit stieg, wurden sie überflutet. Steinzeitliche Spuren gibt es unter anderem im Greifswalder Bodden, vor der Nordwestküste Rügens, vor Zingst, dem Darß und vor Kühlungsborn. Ein ganzes Siedlungsnetzwerk liegt in der Wismarer Bucht. In der Steinzeit war das Gebiet ein fjordartiges Areal mit kleinen Inseln und deshalb ein idealer Raum für Jäger-, Sammler- und Fischerkulturen. In den letzten Jahren fand man im relativ flachen Wasser der Bucht 17 bis dahin unbekannte Siedlungen. Einige von ihnen sind über 7.000 Jahre alt. Geborgen wurden beispielsweise Werkzeuge, Fischzäune, Kochstellen mit angekokeltem Brennholz und Einbaum-Boote. Die überraschend hohe Zahl neuer Funde in jüngster Vergangenheit ist leicht erklärbar: Seit Anfang der 1990er-Jahre fliegen zum einen mehr private Sportflieger über die Küste und entdecken dabei die aus der Luft of leichter erkennbaren Schätze, zum anderen wird die Unterwasserarchäologie erst seit 1989 professionell vorangetrieben.

7 Die „Prillwitzer Idole" sind der größte kunsthistorische Fälschungsskandal des Landes.

Am 13. Februar 1768 berichtete eine Hamburger Zeitung über eine archäologische Sensation: In Neubrandenburg waren 37 alt-slawische Götterfiguren und Kultgefäße aufgetaucht und als Überreste des sagenumwobenen Tempelheiligtums Rethra gedeutet worden: „Der größte darunter befindliche Götze ist der [slawische Hauptgott] Radegast, auf dessen Rücken mit rhunischen Buchstaben ganz deutlich zu lesen ist: Radegast Rhetra." Plötzlich schien eines der größten und spannendsten Geschichtsrätsel Mecklenburgs gelöst: die Lage der geheimnisvollen slawischen Kultstätte Rethra. Seit Jahren diskutierten Historiker, Dorfpastoren und selbsternannte Experten darüber, wo der Tempel zu suchen sei. Mit dem Fund der Figuren, so schien es, war die Sache nun eindeutig geklärt: Das Heiligtum musste in Prillwitz, am Ufer des Tollensesees, gestanden haben.

Dort, so berichtete die Zeitung, grub sie der örtliche Pastor Samuel Friedrich Sponholz zwischen 1687 und 1697 aus und vererbte sie später seinem Bruder, der sie wiederum seinen Enkeln hinterließ. Als der Neubrandenburger Arzt und Hobbyhistoriker Hempel die Götzenbilder im Januar 1768 im Haus von Gideon Nathan Sponholz sah, kaufte er sie sofort ab und informierte stolz die Öffentlichkeit über seine Entdeckung. Ein eilig herbeigerufener Experte bestätigte die Echtheit. Die Sensation war perfekt. In ganz Europa sprach man von den unglaublich gut erhaltenen Figuren. Die Wahrheit war jedoch sehr viel schlichter: Sponholz, der von Beruf Goldschmied war, hatte die Figuren zusammen mit seinem Bruder gefälscht und den Arzt Hempel bewusst in eine Falle gelockt.

Umstritten war die Sammlung von Anfang an. Schon wenige Tage nach den ersten Berichten meldete in den „Neuen Strelitzschen Anzeigen" der Warliner Pastor Christian Friedrich Sense „einige bescheidene Zweifel" an. Seine Hauptargument: Die „Püppchen" seien viel zu winzig und stimmten nicht mit den Beschreibungen in historischen Quellen überein. Außerdem erschien es Sense undenkbar, dass man eine Figur mit „Hundsgesicht" als Hauptgott angebetet habe.

Der grassierende Rethra-Wahn ließ die Warnungen des Pastors fast ungehört verschallen. Prinz Carl von Mecklenburg, dessen großherzogliche Familie stets voller Stolz auf die eigenen slawischen Wurzeln verwies, wollte die Figuren unbedingt erwerben. Er schickte einen Vertrauten nach Neubran-

denburg, dem – welch ein Wunder – 22 weitere, bis dahin unbekannte Figuren präsentiert wurden. Ohne langes Zögern griff der Prinz in die Schatulle des Ratzeburger Doms und kaufte den Sponholz-Brüdern die Kunststücke ab.

Die bis dahin aufgetauchten Figuren, immerhin schon über 60, stillten den Hunger nach slawischen Altertümern nicht. Sie machten nur Appetit auf mehr. Vom begeisterten Prinzen erhielten die Sponholz-Brüder eine Ausgrabungserlaubnis – und tatsächlich: In Gegenwart von Zeugen gruben sie weitere Göttergötzen und Ritualgegenstände aus, die sie sofort gewinnbringend verkauften. Die beträchtlichen Einnahmen verflüchtigten sich relativ schnell. Die Brüder verzockten sich bei Spekulationsgeschäften und sahen sich deshalb gezwungen, immer neue Fälschungen anzubieten. Interessenten gab es in ganz Europa genug. Ein prachtvoller Bildband mit wertvollen Kupferstichen des Strelitzer Hofmalers Daniel Wogen wurde an viele europäische Königshäuser geliefert. So gab es Verhandlungen mit dem russischen Zarenhof, der die komplette Sammlung ankaufen wollte. Ein Ansinnen, das auch Prinz Carl von Mecklenburg verfolgte und schließlich in die Tat umsetzte. Gegen eine nicht unbeträchtliche Leibrente für die Brüder Sponholz und Entschädigungen an die übrigen Neubesitzer gefundener Figuren vereinte Carl die vermeintlichen Schätze zu einer Sammlung.

Zweifel an der Echtheit blieben trotzdem. So stutzten Experten, dass die zuerst gefundenen Götterfiguren Kleidung trugen und nicht wie sonst üblich nackt waren. Kurioserweise erledigte sich das Problem bei später ans Tageslicht geholten „Entdeckungen" ganz von selbst: Die Götter zeigten sich nun erwartungsgemäß unverhüllt. Auch die Runen-Aufschriften sorgten wegen einiger „Druck"-Fehler für Verwirrung, genau wie die beträchlich variierende Zusammensetzung der Edelmetalle und der nur sehr oberflächlich vorhandene Rost.

Erst 1851, die Brüder Sponholz waren bereits lange verstorben, wurden die Figuren offiziell als Fälschung enttarnt. Der Neubrandenburger Historiker Franz Boll wies in akribischer Quellenarbeit nach, dass alles nur ein riesiger Schwindel war. Überlebt haben die Idole trotzdem. Seit 1950 gehören sie dem Volkskundemuseum Schwerin-Mueß und erinnern an den größten kunsthistorischen Fälschungsskandal, der jemals das Land erschütterte.

Auswanderer

Armut, Leibeigenschaft und politische Unterdrückung – Gründe, die Heimat zu verlassen, gab es für Mecklenburger und Pommern genug. In der Fremde suchten sie ihr Glück. Einige fanden es und prägten ihre neue Heimat.

1 Mecklenburg und Pommern waren lange Zeit die größten Auswanderungsgebiete des Deutschen Reiches.

Zwischen 1850 und 1900 gingen allein aus Mecklenburg 250.000 Menschen weg – ein Drittel der Bevölkerung. Fast 90 Prozent von ihnen zog es nach Nordamerika. Auch in Pommern sah die Lage nicht besser aus. Zwischen 1844 und 1914 verabschiedeten sich rund 350.000 Leute.

2 Das Buch „Jürnjakob Swehn – der Amerikafahrer" ist ein literarisches Denkmal für alle Auswanderer.

1917 veröffentlichte der Schriftsteller und Lehrer Johannes Gillhoff (1861–1930) aus Glaisin bei Ludwigslust seinen Erfolgsroman über die Erlebnisse eines mecklenburgischen Auswanderers. Die Geschichte basiert auf echten Auswandererbriefen, die Gillhoff 18 Jahre lang bearbeitete.

3 Auswanderer zogen nicht nur über den „Großen Teich“, sondern auch nach Osteuropa.

Als Zarin Katharina II. (1729–1796) im Juli 1763 deutsche Bauern und Handwerker dazu ermunterte, sich in Russland anzusiedeln, fühlten sich auch Mecklenburger und Pommern angesprochen. Sie folgten dem Ruf und zogen an die Wolga. Eine zweite Ost-Auswanderungswelle schwappte um 1820 in Richtung Polen. Nach dem Wiener Kongress warben die neuen preußischen Herrscher in Mecklenburg und Pommern intensiv um Siedler für die Provinz Posen.

4 Der Rostocker Friedrich Jeppe führte als Postchef die ersten Briefmarken in Südafrika ein.

Im April 1861 wanderte der Kaufmann Friedrich Jeppe (1834–1898) nach Transvaal, das heutige Südafrika, aus und legte damit den Grundstein für seine unglaubliche Karriere. Innerhalb von sechs Jahren arbeitete er sich an die Spitze der Postverwaltung des Landes hoch und wurde schließlich zum Generalpostmeister befördert. In diesem Job entwarf Jeppe die erste südafrikanische Briefmarke und führte sie zum 1. April 1870 ein. Gedruckt wurden die Wertzeichen in seiner alten mecklenburgischen Heimat. Jeppe gab den Auftrag einem Verwandten, dem Drucker Adolph Otto in Güstrow. Das erwies sich später als Fehler, denn Otto druckte heimlich mehr Briefmarken und brachte die Fälschungen über einen Hamburger Großhändler in Umlauf. Doch nicht nur in Sachen Post machte sich Jeppe um Südafrika verdient. Als begeisterter Kartograph gelang ihm als einer der ersten eine weitgehend vollständige und akurate Karte des Landes. Auch Jeppes Brüder und Neffen machten Karriere in Südafrika. Eine der Hauptstraßen von Johannesburg heißt bis heute „Jeppe Street“.

5 1824 wurden Mecklenburger Knastinsassen nach Brasilien abgeschoben.

Weil die Knäste in Mecklenburg-Schwerin überfüllt waren, griff Großherzog Friedrich Franz I. (1756–1837) zu einem ziemlich ungewöhnlichen Mittel: Er schob einfach einen Teil der Gefangenen samt Familien nach Brasilien ab. Im Juni 1824 machte sich von Hamburg aus das erste Schiff mit rund 170 Knastbrüdern und deren Angehörigen aus dem Landesarbeitshaus Güstrow und der Rostocker Arrestanstalt auf die Reise nach Südamerika. Wenige Monate später folgte ein weiteres Kontingent von 89 Zuchthäuslern aus Dömitz. Auch im folgenden Jahr wurde eine Art Sammeltransport aus den verschiedenen Strafanstalten des Großherzogtums zusammengestellt: 83 Knackis verfrachtete die Staatsgewalt mehr oder weniger freiwillig an den Zuckerhut. Darunter auch 10 Gefangene aus dem Kriminalgefängnis Bützow. Die Kosten der Überführung teilten sich der Schweriner Großherzog und der brasilianische Kaiser Pedro I. (1798–1834). Beide Seiten hatten dabei ein gutes Gefühl: Friedrich Franz rechnete mit Ersparnissen beim Unterhalt seiner Strafanstalten und Pedro freute sich über neue Staatsbürger und die offizielle Anerkennung seiner Monarchie, die mit dem Vertrag einherging. Mehr Transporte gab es allerdings nicht, denn den mecklenburgischen Großherzog plagten plötzlich Gewissensbisse. Nicht ganz unerheblich dürften dabei Zeitungsberichte gewesen sein. Sie schilderten die miserablen Bedingungen in Brasilien und den unfairen Umgang mit den Neuankömmlingen.

Mehr oder weniger freiwillig fanden große Gruppen von Pommern nach Brasilien. Sie flohen vor Armut, Militärdienst und religiöser Unterdrückung. Die neue Heimat bot ihnen Freiheit und Land. Bis heute gibt es in Brasilien Nachkommen der ausgewiesenen Mecklenburger und ausgewanderten Pommern. Im Ort „Pomerode“ lebt man zum Beispiel in typisch norddeutschen Backsteinhäusern und snackt Platt.

6 **Carl Möglin aus Wismar war ein echter Glückspilz und der einzige Auswanderer, der die Heimat zweimal verließ.**

1854 machte sich der Schiffsjunge Carl Möglin (1839–1874) auf den Weg in die weite Welt. Fünf Jahre schipperte er über die Meere und sparte fleißig seine Heuer. Vom Geld kaufte er sich schließlich ein Stück Land in Australien. Eine gute Investition, denn unverhofft fand Möglin auf seinem Grund und Boden Gold. Plötzlich steinreich, zog er nach Melbourne und lebte dort wie ein wahrer Gentleman. Er freundete sich mit Künstlern an, begann Gemälde und asiatische Antiquitäten zu kaufen und ließ seine beiden Schwestern nach „Down Under" nachkommen. Als er mit nur 34 Jahren starb, hinterließ Möglin eine wertvolle Sammlung. Seine Schwestern führten sie fort und vermachten alles der Stadt Wismar. 1894 gingen unzählige Pakete auf die Reise nach Mecklenburg, darunter zwei ausgestopfte Kängurus, ein Koalabär und ein Krokodil. Auch Carl Möglin machte sich noch einmal posthum auf die Reise. 1874 in Melbourne bestattet, wurde er 1888 nach Wismar umgebettet. Das Gastspiel dauerte nur 7 Jahre. 1895 ging's zurück nach Melbourne, wo er bis heute ruht. Damit ist Möglin wahrscheinlich der einzige Doppel-Auswanderer M-Vs.

7 **Dr. Bernhard Funk aus Neubrandenburg war ein Enfant terrible der Südsee.**

Der Neubrandenburger Mediziner Dr. Bernhard Funk (1844–1911) war der erste Arzt auf Samoa. Kurz nach seiner Approbation zog es ihn 1870 nach Australien. Von dort ging er als medizinischer Betreuer eines Handelshauses nach Apia auf die Südseeinsel Samoa. Äußerst ungewöhnlich für einen Angestellten einer Kolonialgesellschaft: Funk zeigte enormes Interesse an der Kultur seiner neuen Heimat. Er legte eine große Sammlung pazifischer Kunstgegenstände an. Sie befindet sich heute im Besitz des Neubrandenburger Heimatmuseums. 1892 veröffentlichte Funk ein Wörterbuch „Deutsch – Samoanisch – Englisch". Zudem gründete er eine Wetterstation, die es bis heute gibt. Auch privat konnte sich Funk über Langeweile nicht beklagen: Er heiratete die Tochter des berühmt-berüchtigten Piraten Bully Hayes, zeugte mit ihr ein Kind und verließ sie dann für die Tochter eines samoanischen Stammeshäuptlings. Gut bekannt war Funk übrigens mit dem Schriftsteller Robert Louis Stevenson („Die Schatzinsel", „Dr. Jekyll und Mr. Hyde"). Der war ein Nachbar.

Backstein

Sie gehören zu M-V wie blauer Himmel und gelber Raps – rote Backsteinbauten. Seit Jahrhunderten prägt der Baustoff die Architektur des Landes, dessen grandioser Höhepunkt die Backsteingotik ist.

1 **Die ältesten Backsteinbauten des Landes sind zum Teil fast 800 Jahre alt.**

Zu den ältesten Backsteinbauten zählt die Kirche von Vietlübbe im Landkreis Nordwestmecklenburg. 1230 zum ersten Mal urkundlich erwähnt, ist sie zugleich die älteste Dorfkirche M-Vs. Auch Teile des Schweriner Doms, die Stadtkirche Parchim sowie die Stadtmauern von Wittenburg und Parchim stammen aus dem 13. Jahrhundert.

2 **Die Backstein-Technologie brachten Mönche aus Oberitalien in den Norden.**

Norddeutschland verdankt das Ziegeleihandwerk lombardischen Mönchen. Mit der Verbreitung des Christentums kamen sie in die Region. Ihr erstes Bauwerk war der Lübecker Dom (1173). Nach der Eroberung der obotritischen Gebiete im heutigen M-V und unter dem Schutz Heinrich des Löwen (1130–1195) wurden sie auch hier tätig.

3 Für die Verbreitung von Backsteinbauten bedurfte es eines Befehls.

Über viele Jahrhunderte wurden nur Kirchenbauten aus Backstein errichtet, denn das Bauen mit Ziegeln war enorm aufwändig und damit sehr teuer. Für normale Wohnhäuser nutzte man lange und traditionell Holz, Stroh und Lehm. Einen enormen Schub für Backsteinbauten gab es erst im 16. und 17. Jahrhundert. Durch die vielen, oft verheerenden Stadtbrände erließen die Gemeinden Bauverordnungen, wonach nur noch Ziegeldächer und Häuser aus Stein erlaubt waren. Der entscheidende Durchbruch kam aber erst im 19. Jahrhundert – per Befehl von Großherzog Friedrich Franz I. (1756–1837). Am 8. Februar 1802 verpflichtete er alle Beamten und Oberförster wegen der „immer mehr gespürt werdenden Abnahme des Eichenholzes in unseren Forsten“, dass alle neuen Gebäude nur noch massiv und aus gebrannten Ziegeln oder Feldsteinen zu errichten seien. Um den enormen Ziegelbedarf decken zu können, befahl der Großherzog gleich noch die Errichtung neuer Ziegeleien. Dem ursprünglichen Anliegen hat das allerdings nichts genutzt. Der Kahlschlag der Wälder wurde nicht einmal im Ansatz aufgehalten. Im Gegenteil: Wegen des hohen Brennholzbedarfes der Ziegeleien gingen die Waldflächen noch weiter zurück. Ganze Landstriche, wie beispielsweise die Inseln Kaninchenwerder und Ziegelwerder im Schweriner See, wurden komplett abgeholzt und kahl.

4 **Ziegel wurden ursprünglich an Ort und Stelle gebrannt.**

Bis zum Anfang des 19. Jahrhunderts wurden Backsteine meist direkt auf der Baustelle gebrannt. Die „Feldziegeleien" ersparten den mühseligen und teuren Transport fertiger Steine. Brennöfen gab es dabei nicht: Die rohen Steine wurden einfach um ein Feuer drapiert.

5 **Mit 236 Firmen erreichte die mecklenburgische Ziegelindustrie 1894 ihren Zenit.**

Relativ früh entwickelten sich im Land einige feste Ziegeleistandorte. So spricht eine Urkunde aus dem Jahr 1284 von einem „Tegelsee" in Schwerin. „Tegel" bedeutet „Ziegel" und gibt einen Hinweis auf die Existenz einer Ziegelei. Wahrscheinlich wurden in ihr Steine für den Schweriner Dom gebrannt. Außergewöhnlich wäre das nicht, denn die frühen Ziegeleien gehörten meist Kirchgemeinden, die darin die Steine für ihre Gotteshäuser produzierten. Ein eindrucksvolles Beispiel ist die Ziegelei der St. Jakobi Kirche in Rostock. 1280 kaufte die Gemeinde eine Anlage vor den Toren der Stadt und betrieb sie nachweislich über 400 Jahre. Ziegelbrennen war immer harte körperliche Arbeit und lange ein reiner Saisonjob. Weil der Lehm sehr schlecht trocknet, brannte man nur von April bis September. Erst die Industrialisierung und neue Brenntechniken änderten das. Sie führten vermehrt zu festen Ziegeleistandorten. Und die summierten sich rasant: Allein in Mecklenburg-Schwerin stieg zwischen 1850 und 1885 die Zahl der Ziegeleien von 146 auf 218. Ihre Blüte erreichte die Entwicklung 1894 mit 236 Unternehmen. Bis 1930 sank die Firmenzahl zwar wieder auf 90, die Kapazitäten waren jedoch enorm gestiegen. Im frühen 20. Jahrhundert war die Ziegelindustrie die mit Abstand wichtigste Industrie der Region. Für Natur und Landschaft M-Vs blieb das nicht folgenlos. So wurden wegen des hohen Brennstoffbedarfes zahlreiche Moore trockengelegt und der gewonnene Torf als Heizmaterial verwendet. Auch viele Kanäle des Landes verdanken ihre Existenz nur den Ziegeleien. Sie legte man im 19. Jahrhundert an, um Backsteine in Metropolen wie Hamburg und Berlin zu bringen. Die letzten gewerblichen Brennfeuer im Land gingen 1993 aus. Fast lautlos starb ein jahrhundertealtes Kulturhandwerk, das die Region trotzdem bis heute prägt wie kaum ein anderes.

6 In M-V gibt es nur noch eine funktionstüchtige Ziegelei.

Die Ziegelei Benzin bei Lübz ist die einzige komplett erhaltene und betriebsbereite des Landes. 1907 eröffnet, produzierte sie bis 1990 Backsteine. Dann versank die Anlage in einem Dörnröschenschlaf. Ab Mitte der 1990er-Jahre wurde sie rekonstruiert und 2005 als Museum eröffnet. Heute ist die Ziegelei ein imposantes technisches Denkmal, in dem Besucher alles über den historischen Baustoff und seine Herstellung erfahren. Sie können sogar selbst Ziegel streichen und an manchen Tagen im imposanten Ringofen brennen lassen.

7 Die volle Packung Backstein gibt es auf zwei Radrundwegen.

Die östliche Variante ist 297 Kilometer lang und führt durch verträumte Dörfer und stolze Hansestädte Vorpommerns und Ostmecklenburgs. Highlights sind beispielsweise die Innenstädte von Greifswald und des zum Weltkulturerbe zählenden Stralsund. Die westliche Route ist mit 380 Kilometern etwas länger. Die Tour führt von Rostock aus unter anderem zum mächtigen Kloster von Bad Doberan und ins ebenfalls zum Weltkulturerbe zählende Wismar.

Bergbau

Obwohl es gar keine richtigen Berge gibt, hat M-V uralte Bergbautraditionen. Seit Jahrhunderten baut man im Land Bodenschätze ab – auch unter Tage.

1 Mecklenburg-Vorpommern hat ein eigenes Bergamt.

Es sitzt in Stralsund und kann auf eine über 100-jährige Geschichte zurückblicken. Sein mecklenburgischer Vorgänger wurde im Jahr 1900 in Hagenow gegründet, verlegte seinen Sitz aber schon 10 Jahre später nach Lübtheen, die „Bergbaumetropole" Mecklenburg-Schwerins. Für Vorpommern, als ein Teil Preußens, war lange das Bergamt Halle zuständig. Heute überwachen die Stralsunder Beamten alle Bergbauaktivitäten im Land. Zur Zeit sind es rund 130 Bergbaufirmen, die an 307 Orten fördern. Auch für die geplante Ostsee-Pipeline „Nordstream", die Erdgasspeicher und die Überwachung des Grundwasserspiegels ist man zuständig.

2 Sand ist das Bergbauprodukt mit der höchsten Fördermenge in M-V.

Jährlich werden durchschnittlich rund 25 Millionen Tonnen Sand und Kies gefördert. Die größten und qualitätsvollsten Vorkommen liegen im Westen des Landes und sind eine Hinterlassenschaft der Eiszeit. Der überwiegende Teil der Fördermenge bleibt in der Region und wird vor allem für den Straßen- und Häuserbau benötigt. Aus wirtschaftlichen Gründen fahren Sandtransporter in der Regel aber nicht weiter als 30 Kilometer. Trotz der hohen Fördermenge ist noch lange kein Ende in Sicht: Experten schätzen, dass in Mecklenburg-Vorpommern noch rund 3 Milliarden Tonnen Sande und Kiese abgebaut werden können. Und zwar überall im Land – außer auf den Inseln.

3 Jährlich werden im Land über 350.000 Tonnen Kreide abgebaut.

Kreide ist das zweitwichtigste Bergbauprodukt M-Vs. Seit fast 300 Jahren wird sie auf der Insel Rügen abgebaut. 1720 begann man damit in der Granitz, einem Waldgebiet bei Binz. Verwendet wird sie natürlich nicht nur als Tafelkreide in Schulen und Universitäten: Kreide ist ein wichtiger Grundrohstoff in der Gummi-, Chemie-, Keramik- und Farbenindustrie. Seit 1910 wird Rügener Kreide sogar als Heilmittel eingesetzt. Sie soll Schmerzen lindern und Akne beseitigen. Dabei stellt sie geologisch gesehen nichts anderes dar als zusammengeklebte Gehäusereste von Milliarden Kleinstlebewesen, die vor rund 70 Millionen Jahren lebten und zu dicken Kreideschichten versteinerten.

4 In Vorpommern warten riesige Erdgasvorkommen im Boden.

Zwischen den Urlaubsorten Heringsdorf und Bansin auf der Insel Usedom gibt es unter der Erde riesige Erdgaslagerstätten. Ende der 1980er-Jahre entdeckten geologische Erkundungstrupps in rund 2.700 Metern Tiefe etwa 11 Milliarden Kubikmeter Erdgas. Diese ungewöhnlich hohe Menge würde ausreichen, um in Vorpommern etwa 30 Jahre lang Erdgas wirtschaftlich fördern zu können. Ob es wirklich dazu kommt, ist jedoch mehr als fraglich: Der wichtigste örtliche Wirtschaftszweig ist der Tourismus. Er würde, so die Befürchtung der Usedomer, durch die Nebenwirkungen der Erdgasförderung erheblich beeinträchtigt. Wer verbringt schon die schönsten Wochen des Jahres neben Gasfackeltürmen und unter einer Gasdunstglocke?

Sollte man sich für den Abbau entscheiden, plant man das Erdgas direkt vor Ort zu verarbeiten. In einem Kraftwerk soll es verstromt werden. Auch wenn die Förderung von Erdgas zukünftig doch keine große Rolle in Vorpommern spielt: Die Lagerung und Verarbeitung des wichtigen Energieträgers wird es auf jeden Fall. So soll die geplante deutsch-russische Erdgas-Pipeline „Nordstream" durch die Ostsee in Greifswald enden. Von dort aus würde der Brennstoff in das deutsche Versorgungsnetz eingespeist. Auch die vorübergehende Speicherung enormer Gasmengen ist geplant. Unterirdische Gasspeicher werden bereits gebaut.

5 **Usedom war für die DDR das Saudi-Arabien des Nordens.**

In Vorpommern, besonders auf der Insel Usedom, wurden über 30 Jahre die größten Erdölförderstellen der DDR betrieben. Ab den 1950er-Jahren begann man im Nordosten zielstrebig nach dem schwarzen Gold zu suchen. Grund: Die geologischen Gegebenheiten galten als vielversprechend und die DDR war chronisch rohstoff- und devisenarm. Wegen des hohen Zechstein-Vorkommens in der Region vermuteten Wissenschaftler tief unter der Erdoberfläche eingeschlossene organische Substanzen. Anfang 1961 stießen Erkundungstrupps dann in Reinkenhagen, einem kleinen Ort zwischen Stralsund und Grimmen, tatsächlich auf Erdöl – in rund 2.300 Metern Tiefe. Vom Fund angespornt, wurde die Region weiträumig durchlöchert. Bis Ende der 1980er-Jahre gab es im Gebiet von M-V insgesamt 432 Probebohrungen – häufig sehr tiefe. So ging es 1976 in Mirow auf 8.006 Meter hinunter – bis 1993 ein unangefochtener europäischer Rekord! Doch nicht überall hatten die Geologen so ein Glück wie in Lütow auf Usedom. Dort stießen sie 1963 auf die größte Erdöllagerstätte der DDR. Bis 2003 förderte man allein an dieser Stelle über 1,3 Millionen Tonnen Erdöl. Bis heute wird – wenn auch in geringerem Umfang – das kostbare Gut ans Tageslicht gepumpt. Auch in Richtenberg, Grimmen-Papenhagen und Wustrow gab es wichtige Förderstätten. Die 220.000 Tonnen Erdöl, die durchschnittlich pro Jahr in Vorpommern gewonnen wurden, reichten aus, um alle Tankstellen der DDR mit Treibstoffen zu versorgen. Alles über die Geschichte der Erdölförderung in M-V, zahlreiche technische Einrichtungen und Alltagszeugnisse werden im Erdölmuseum Reinkenhagen bewahrt. Dort gibt es übrigens auch Kanister mit Erdöl „pumped in M-V“.

6 In Malliß bei Ludwigslust gab es unterirdischen Bergbau.

Wenn man in M-V eines nicht erwartet, dann unterirdischen Kohlebergbau. Kein Wunder: Niemand verbindet das platte Land mit Bergen. Die Helpter Berge, die höchste Erhebung des Landes, bringen es gerade mal auf 179 Meter. Doch das vorschnelle Urteil täuscht. Mitten in der Griesen Gegend bei Ludwigslust liegt der kleine Ort Malliß. Über 650 Jahre wurden dort Rohstoffe gewonnen – auch unterirdisch. Das historische Bergbaurevier erstreckt sich auf einer Fläche von etwa 120 Hektar rund um den Wanzeberg. Schon im frühen Mittelalter baute man dort Sole ab. Später kamen Glassande, Tone, Gips sowie Kali- und Steinsalze hinzu. Im 16. und 17. Jahrhundert begann man mit dem Abbau von Alaunton. Das ist eine dunkle Mischerde, die sich aus Braunkohle, Ton und Schwefelkies zusammensetzt. Die große Zeit des Kohlebergbaus begann ab 1790 mit planmäßigen Erkundungs- und Schürfarbeiten durch Carl Zintgraff. Er führte im Auftrag von Großherzog Friedrich Franz I. (1756–1837) zahlreiche Probegrabungen durch und stieß bald auf nennenswerte Braunkohleflöze. 1817 nahm die Friedrich-Franz-Zeche ihren Betrieb auf. Sie arbeitete bis 1838. Dann war Schluss. Der zu geringe Absatz der Kohle machte den Abbau unrentabel. 1856 erwarb eine private Aktiengesellschaft die Zeche. Bis 1908 wurde nun – mit kurzen Unterbrechungen – gefördert. Der Abbau gestaltete sich aber zunehmend schwieriger. Ständig drang Wasser in die Stollen ein. Schließlich gab man auf. Abgesehen von einer kurzen Wiederbelebung zwischen 1920 und 1926, drehte sich das Blatt erst nach dem Zweiten Weltkrieg wieder. Trotz der schwierigen Bedingungen ging es erneut unter die Erde – wegen akuten Brennstoffmangels. Wie zuvor machte das eindringende Wasser den Bergarbeitern das Leben schwer. Trotzdem trieben sie vier weitere, bis zu 50 Meter tiefe Stollen in den Wanzeberg. 1960, nachdem fast die gesamten Braunkohlevorräte abgebaut waren, wurde die Förderung endgültig eingestellt. Sichtbarstes Zeugnis der Bergbauvergangenheit ist bis heute der Eingang des Marienstollenfeldes. 1996 wurde er am Ortsrand von Malliß freigelegt und aufwändig rekonstruiert. Dabei entdeckte man eine besondere Rarität: Die ehemalige Betstube der Bergleute samt Inventar. Teile davon befinden sich im Museum Neu Kalliß, das sich dem regionalen Bergbau widmet.

7 Heißes Wasser ist das modernste Bergbauprodukt des Landes.

Schon in wenigen hundert Metern Tiefe lagert ein oft unterschätzter Rohstoff: heißes Wasser. Es wird auf zwei unterschiedliche Arten gebraucht: zur Energiegewinnung und zu Heilzwecken. Eine medizinische Nutzung erfolgt bereits seit Längerem. In den 1920ern entdeckte man in Heringsdorf auf der Insel Usedom eine Sole in 408 Metern Tiefe. Das an natürlichem Jod, Mineralstoffen und Spurenelementen reichhaltige Wasser mit Temperaturen von bis zu 17°C wurde schon kurz darauf als Heilquelle genutzt. Zu DDR-Zeiten war die Heringsdorfer Quelle die einzige genutzte Jodquelle des Landes. Nach der Wende begann in M-V auch andernorts die Nutzung der Solen. So stieß man Anfang der 1990er-Jahre in Binz auf Rügen in Tiefen zwischen 300 und 1.222 Metern auf vier bis zu 35°C warme Jodsole-Quellen. Analysen zeigten, dass das Wasser vor über 220 Millionen Jahren in der Erde eingeschlossen wurde. Kurios: Die wissenschaftlichen Bohrungen erfüllten eine uralte Prophezeiung. Einer alten Sage nach schuf die Göttin Hertha in grauer Vorzeit einen unterirdischen See mit heilenden Wunderkräften. Mit 63°C sind die Warener Thermalquellen die heißesten im Land. Die Stadt an der Müritz hat aber nicht nur einen besonders „heißen Draht" zum Wasser als Heilmittel. Waren ist eine echte Pionierstadt bei einer zukünftig noch sehr viel wichtigeren Nutzung des heißen Wassers – der Geothermie. 1984 nahm hier die erste große Erdwärmeanlage Deutschlands ihren Betrieb auf. Sie zapft die unterirdischen Wassermassen zur Energiegewinnung an und nutzt so gleich zwei riesige Vorteile: Zum einen ist die Technologie absolut umweltfreundlich, zum anderen steht eine quasi unerschöpfliche Energiequelle bereit. Heute liefert die Warener Anlage täglich rund 500 Kilowatt Wärme ins städtische Fernwärmenetz. Das reicht zum Heizen von 1.715 Wohnungen und spart jährlich 500.000 Liter Heizöl. Nach dem Warener Vorbild gibt es in M-V zwei weitere Geothermie-Anlagen – in Neubrandenburg und Neustadt-Glewe. Letztere liefert nicht nur Fernwärme, sondern durch ein angeschlossenes Kraftwerk auch elektrischen Strom. Die jährlich erzeugten 1.600 Megawattstunden decken den Jahresbedarf von rund 500 Haushalten. Und dazu auch noch voll öko!

Blaublüter

Als Blaublüter Mecklenburg und Pommern regierten, gab es noch keine Klatschblätter. Ein paar indiskrete Fakten sind trotzdem überliefert.

1 In Mecklenburg herrschte eine der ältesten Adelsdynastien Westeuropas.

Der Stammbaum der Familie beginnt 1090 mit Fürst Niklot. Er fiel bei der Eroberung des Landes durch Heinrich den Löwen (1130–1195). Sein Sohn Pribislaw wurde aber mit dem väterlichen Land belehnt. Die Nachkommen regierten das Land bis zur Abdankung des letzten Großherzogs im Jahr 1918.

2 In Vorpommern wechselten sich die adligen Herrscher ständig ab.

Durch die unterschiedlichen Zugehörigkeiten der Region zu größeren Staaten gibt es keine durchgehende Dynastie. In Vorpommern regierten polnische, dänische und brandenburgische Blaublüter, aber auch schwedische und preußische. Der traurige Hintergrund: Ein Wechsel erfolgte meist durch Krieg.

3 Mecklenburgische Adelssprösse jobbten im Mittelalter als Piraten.

Beim Kampf um die Macht im Ostseeraum, insbesondere um die Vorherrschaft in Schweden, setzte der mecklenburgische Herzog Albrecht III. (1338–1412) auf ziemlich unorthodoxe Methoden. Nachdem die dänische Königin Margarete I. (1353–1412) ihm 1388 den schwedischen Thron streitig machte, unterstützte er ganz offen die Piraterie in der Ostsee. Er stattete Piraten mit offiziellen Schreiben, den sogenannten Kaperbriefen, aus. Darin wurde ihnen ausdrücklich erlaubt, alle Schiffe, die nicht unter mecklenburgischer Flagge fuhren, auszurauben. Ihre Beute verkauften die Piraten dann – ebenfalls mit Albrechts Segen – auf den Märkten von Rostock und Wismar. Piraten waren jedoch nicht nur arbeitslose Matrosen oder Kleinkriminelle mit Hang zur unchristlichen Seefahrt. Viele Schiffe standen unter dem Kommando mecklenburgischer Landadliger. Sie besserten sich mit den Gewinnen aus der Piraterie ihre kargen Verdienste als Landjunker auf. Schöner Nebeneffekt aus ihrer Sicht: Sie hatten das gute Gefühl, etwas fürs Vaterland zu tun. Raubzüge waren jedoch nicht das einzige Mittel, mit dem Albrecht Schweden zurückerobern wollte. Im Winter 1393/94 setzte er seine Freibeuter zur Rettung der Einwohner Stockholms in Bewegung. Weil Margarete die Stadt blockieren ließ, drohte eine Hungersnot. Die mecklenburgischen Piraten durchbrachen die dänischen Sperren und versorgten die Stockholmer mit Lebensmitteln. Dass die Freibeuter manchmal nur auf rohe Gewalt setzten, zeigte sich hingegen im April 1393 im norwegischen Bergen. Die Mecklenburger überfielen den Küstenort, plünderten ihn aus und setzen ihn dann in Brand. Genutzt haben Albrecht die Piraten am Ende nicht – er verlor den Kampf um die Macht in Schweden.

4 Selbstmord war bei mecklenburgischen Herzögen offenbar beliebt.

Mindestens drei Regenten schieden freiwillig aus dem Leben. 1592 tötete sich Herzog Johann VII. (1558–1592) auf Burg Stargard mit sieben Dolchstößen. Für den unglücklichen und getriebenen Herrscher bedeutete die Tat das Ende seines langen Leidens: Er war finanziell ruiniert und hatte ständig Erbstreitereien mit dem Rest der Familie. Für drei unschuldige Frauen wurde sein Suizid der Auslöser dramatischer Ereignisse. Da Selbsttötung in den Augen der Kirche ein Verbrechen war, unternahm der Hof alles, um ihn zu verschleiern. 1604 klagte man deshalb mehrere Schweriner Frauen der Hexerei an. Gemeinschaftlich sollten sie Johann verhext und so in den Tod getrieben haben. Catharina Wankelmod, eine der Angeklagten, verbrannte man auf dem Scheiterhaufen. Margarethe Schultze kam erst 1609 nach einem fünf Jahre dauernden Prozess frei. Auch der Freitod von Friedrich Franz III. (1851–1897) wurde vom Schweriner Hof bewusst verschleiert. Am 10. April 1897 stürzte sich der Großherzog vom Balkon seiner „Villa Wenden“ im französischen Badeort Cannes. Schon bald spekulierte die internationale Presse über einen Selbstmord. Von offizieller Seite wurde das energisch zurückgewiesen und behauptet, Friedrich Franz habe einen plötzlichen Schwächeanfall bekommen und sei über die Brüstung gefallen. Als Ursache für seinen Entschluss, sich das Leben zu nehmen, vermutet man heute, dass Friedrich Franz unglücklich verliebt war – in einen Mann. Für diese These spricht, dass die herzogliche Familie kurz nach dem Tod erpresst wurde – mit verfänglichen Briefen an einen Geliebten. Ob bei Adolf Friedrich VI. von Mecklenburg-Strelitz (1882–1918) Liebeskummer die Ursache für den Suizid war, ist bis heute nicht vollkommen geklärt. Fest steht: Der damals reichste Fürst Deutschlands war ein begehrter Junggeselle, der kurz vor der offiziellen Verlobung stand. Seit Jahren hatte er aber eine unstandesgemäße Affäre mit der italienischen Opernsängerin Mafalda Salvatini und angeblich auch zwei gemeinsame Söhne. Am Abend des 23. Februar 1918 verließ Adolf Friedrich jedenfalls seine Neustrelitzer Residenz und wurde erst am Nachmittag des nächsten Tages im Kammerkanal treibend aufgefunden. Neben dem Motiv der unerfüllten Liebe zur Italienerin – eine Heirat war ausgeschlossen – gibt es weitere Spekulationen. So glauben einige Historiker, dass der anglophile Regent für England spioniert habe. Nicht nur in der Zeit des Ersten Weltkrieges wäre das Hochverrat gewesen.

5 Eine mecklenburgische Prinzessin ist Namenspatin einer amerikanischen Großstadt.

Charlotte in North Carolina ist nach New York die zweitwichtigste Bankenstadt der USA und trägt den Namen von Charlotte von Mecklenburg-Strelitz (1744–1818). Sie war mit dem englischen König Georg III. verheiratet. Charlotte ist aber nicht nur Bankenzentrum, sondern auch die Hauptstadt vom Regierungsbezirk Mecklenburg-County.

6 Mecklenburg war ein beliebtes Exportland für Prinzessinnen.

Töchter der mecklenburgischen Großherzöge waren außerhalb des Landes ziemlich begehrt und wurden problemlos an alle großen europäischen Königshäuser vermittelt. Nicht zuletzt wegen dieser geschickten Heiratspolitik behauptete das kleine Land seine Selbstständigkeit gegenüber dem sehr viel mächtigeren Nachbarn Preußen. Wenn die Preußen es gewagt hätten, Mecklenburg anzugreifen – wäre einfach die bucklige Verwandschaft um Hilfe gebeten worden. Schweriner Prinzessinnen heirateten unter anderem nach England, Russland und Dänemark. Aber auch ein Prinz schaffte den großen Sprung zur erfolgreichen Auslandskarriere: Heinrich von Mecklenburg-Schwerin (1876–1934) vermählte sich 1901 mit der späteren niederländischen Königin Wilhelmina. Er war der Opa von Hollands gegenwärtiger Regentin Beatrix. Richtig beliebt ist Heinrich in seiner neuen Heimat bis heute nicht. Kein Wunder: Er war ein notorischer Fremdgeher.

Bräuche

Sie sind oft jahrhundertealt und strukturierten früher den Verlauf des Jahres – Traditionen und Bräuche. Viele werden bis heute gepflegt.

1 Richard Wossidlo verdanken wir das Wissen über uralte Bräuche in Mecklenburg.

Fast 50 Jahre lang sammelte der Volkskundler Richard Wossidlo (1859–1939) alles über die Volkskultur in Mecklenburg. Systematisch zog der „Volksprofessor" von Ort zu Ort. Mit der Frage „Wist mi wat vertellen?" ermunterte er über 5.000 Einheimische dazu, ihm Sagen, Märchen, Schwänke, Sprichwörter, Redensarten und Bräuche zu erzählen. Alles, was er auf diese Weise erfuhr, hielt Wossidlo auf Zetteln fest. Dabei entstanden rund 2 Millionen eng beschriebene Schriftstücke – meist in niederdeutscher Sprache. Sein Zettelkatalog, der bis heute von der Universität Rostock verwahrt wird, gilt als größte ethnologische Sammlung über eine Region Deutschlands. Er ist immer noch eine wichtige Grundlage für viele wissenschaftliche Projekte.

2 Während des Erntedankfestes mussten Gutsbesitzer mit Strohpuppen tanzen.

In einem bäuerlich geprägten Land spielen Bräuche rund um die Landwirtschaft eine besonders große Rolle. Vor allem im Spätsommer und Frühherbst – nach erfolgter Ernte – wurden und werden zahlreiche traditionelle Handlungen durchgeführt. So ist es in vielen Regionen des Landes üblich, aus den letzten verbliebenen Strohhalmen der Getreidefelder eine Puppe zu binden. Dieser Erntepuppen-Brauch wurde früher in einigen Orten um eine weitere Zutat ergänzt. Die Strohpuppe – liebevoll „Die Olle“ genannt – überreichte man dem Gutsbesitzer. Der durfte sie nicht einfach vor sein Haus stellen, sondern er musste mit ihr tanzen – vor der versammelten Dorfmannschaft.

3 Tonnenabschlagen gibt es in Vorpommern und in Mecklenburg.

Zwischen Mecklenburg und Vorpommern gibt es sehr viele Unterschiede bei den überlieferten Bräuchen. Auf eine Tradition können sich beide Landesteile problemlos einigen: das Tonnenabschlagen. Ursprünglich stammt der populäre Pfingstbrauch aus der Gegend Fischland-Darß – der gemeinsamen Grenzregion. Beim Tonnenabschlagen reiten junge Männer schnell an einer aufgehängten Tonne vorbei und versuchen sie zu zerdeppern. Wer das letzte Stück komplett entfernt, gewinnt und darf sich ein Jahr „Tonnenkönig“ nennen.

4 **Der Begriff „hänseln" leitet sich von einem alten Seemannsbrauch ab.**

Das Wort „hänseln" verdanken wir einem alten Seemannsbrauch aus der Hansezeit. Um in die Gemeinschaft der Seeleute aufgenommen zu werden, mussten Schiffsjungen ein bestimmtes Ritual durchlaufen. An markanten Küstenpunkten hatten sie ihre Mütze abzunehmen, um so Respekt zu bezeugen. Markante Hänselorte in der baltischen Region waren zum Beispiel das dänische Fischerdorf Dragør südlich von Kopenhagen – dort beginnt die Einfahrt in den Öresund –, die Insel Bornholm und Schloss Kronborg in Helsingør. Die Frischlinge mussten aber nicht nur ihren Haarwuchs präsentieren, sondern den altgedienten Matrosen eine Flasche Schnaps spendieren. Weigerten sie sich, gab es eine ordentliche Dusche.

5 **Statt Karneval-Parties mit Prinzengarde gab es in M-V Königswahlen.**

Während der Fassnacht, am sogenannten Fastelabend, wählte man früher den „Snutenkönig". Das Auswahlkriterium war denkbar einfach: Bei allen Möchtegern-Blaublütern wurde die exakte Nasenlänge gemessen. Der oder die Anwesende mit der längsten Nase gewann, konnte sich ein Jahr lang als Majestät fühlen und über seine „Dörpschaft" herrschen. Diese vorgestellte Dorfgemeinschaft wurde ebenfalls am Fastelabend zusammengewählt und bestand aus wichtigen Persönlichkeiten, die in keinem echten Dorf fehlen dürfen: die Koortenleggersch (Kartenlegerin), der Dörpschult (Bürgermeister) und die Mudder Griepsch (Hebamme).

6 Zu Ostern schlugen Kinder auf das Bett der Eltern und drohten ihnen Gewalt an.

In vielen europäischen Kulturen gibt es die sogenannten Heische-Bräuche. Einer der bekanntesten ist der seit einigen Jahren auch in Deutschland zunehmend praktizierte Halloween-Brauch. Kinder gehen von Tür zu Tür und verlangen Süßigkeiten. Mit dem Schlagwort „Süßes oder Saueres" machen sie deutlich, dass es ihnen ernst ist und sie auch vor Zwangsmaßnahmen nicht zurückschrecken. Viele halten das für einen typisch amerikanischen Brauch. Was nur noch wenige wissen: Auch in M-V gab es früher ähnliche Traditionen. Besonders zu Ostern ging man „stiepen". So zogen Kinder am Ostermorgen um das Bett ihrer Eltern und schlugen mit Zweigen auf die Bettdecke. Dabei drohten sie den Erziehungsberechtigten: „Giffst du mi keen Osterei, slah ick di dat Bett entwei." Auch nicht gerade nett.

7 In Pommern prophezeiten Pantoffeln zu Silvester die Zukunft.

Am Silvesterabend zogen pommersche Mägde jedes Jahr ihre Pantoffeln aus. Grund fürs kollektive Barfußfest: Frau wollte wissen, was das nächste Jahr so bringt. Die Mägde warfen einen Pantoffel rückwärts über die Schulter. Zeigte die Schuhspitze Richtung Zimmer, konnten sie aufatmen: Der Job war für die kommenden 12 Monate sicher. Zeigte die Spitze aber Richtung Tür, war die Silvesterparty im Prinzip gelaufen. Das Pantoffel-Orakel prophezeite nämlich den Arbeitsplatzverlust. Natürlich versuchte man sich auch in Mecklenburg an Zukunftsprognosen. Die „Speukenkiekerei" durchs Bleigießen ist bis heute verbreitet. Doch nur die wenigsten kennen den Profi-Trick: Gefällt einem das Prophezeite nicht, dreht man sich einfach einmal um sich selbst und schon wird das Gegenteil wahr.

Braukunst

Durchschnittlich 116 Liter Bier trinkt jeder Deutsche im Jahr, am liebsten eine regionale Sorte. In M-V gibt es nicht nur Biertrinker, sondern auch eine berauschende Braukultur.

1 Regionale Biersorten aus M-V befinden sich wieder im Aufwind.

Jedes Jahr werden in Mecklenburg-Vorpommern rund 2,9 Millionen Hektoliter Bier gebraut. Das sind gerade einmal 2,8 % der gesamten deutschen Bierproduktion. Während der Bierausstoß der Brauereien in den 1990er-Jahren zurückging, steigt er seit einigen Jahren wieder deutlich an: Zwischen 2002 und 2008 um fast 50 Prozent. Einen großen Anteil daran hat der zunehmende Vertrieb von Bieren aus M-V in Supermärkten außerhalb des Landes. Für das Schweriner Finanzministerium lohnt sich der Biergenuss allemal. Durch die Biersteuer fließen jährlich rund 25 Millionen Euro in den Haushalt. Die Steuer richtet sich nach der Stammwürze. Auf eine kleine Flasche Bier Pilsner Brauart werden ungefähr 3 Cent Steuern fällig.

2 **Weil es im Land nur wenige Brauereien gibt, gilt es als bierarm.**

In M-V existieren offiziell 18 Brauereien – die meisten sind reine Gasthaus-Brauereien. Sie produzieren nur geringe Mengen und schenken den Gerstensaft vor allem in der eigenen Wirtschaft aus. Seit einigen Jahren entstehen immer wieder neue Brauereistandorte. Eine erfolgreiche Neugründung ist beispielsweise das Vielanker Brauhaus im Landkreis Ludwigslust.

3 **Die Städte Stralsund und Lübz sind die Biermetropolen des Landes.**

Die Stralsunder Brauerei ist die älteste produzierende Brauerei des Landes. Sie wurde 1827 gegründet und ist trotz ihres Alters trendbewusst: Sie stellt Bio-Bier her. Die größte Brauerei sitzt in Lübz. Sie produziert rund 40 Prozent aller Biere aus M-V. Das Traditionsunternehmen von 1877 stellte zu DDR-Zeiten 80 Prozent der in den West-Export gehenden Ost-Biere her.

4 **Zwei Dörfer sind nach Bier benannt.**

Im Land existieren zwei Dörfer mit dem Namen Pieverstorf. Einmal in der Nähe von Grevesmühlen und einmal bei Neustrelitz. Was das mit Bier zu tun hat? Ganz einfach: Die Ortsnamen leiten sich vom slawischen Wort „Pivo“ ab. „Pivo“ heißt übersetzt Bier und Pieverstorf damit Bierdorf. Ob die heutigen Bewohner immer noch ein besonderes Verhältnis zu Bier haben, ist bisher wissenschaftlich nicht erforscht.

5 Hopfen aus Mecklenburg und Vorpommern war ein begehrter Exportschlager.

Ab dem Jahr 1200 galt das Gebiet des heutigen Mecklenburg-Vorpommern als die wichtigste Hopfenanbauregion Nordeuropas. Vieles von dem, was hier auf den Feldern wuchs, wurde auf Schiffe verladen und nach Skandinavien gebracht. Aus klimatischen Gründen war dort der Anbau des Biergrundstoffes nicht möglich. Der mecklenburgische Hopfen galt zudem als qualitativ hochwertig. Die Ausfuhr wurde jedoch zunehmend strenger kontrolliert. Mit der steigenden Anzahl von Brauereien im Land führten die Kommunen Exportbeschränkungen ein. Vermutlich verursachten klimatische Veränderungen und der billigere Import das Ende des Anbaus. Seit über 100 Jahren wird in M-V nachweislich kein Hopfen mehr angebaut.

6 Wismar war im Mittelalter eine der weltweit wichtigsten Bierstädte.

Der Reichtum der Hansestadt Wismar beruhte im späten Mittelalter vor allem auf dem florierenden Brauereigewerbe. Im 15. Jahrundert hatten über 180 Brauereien ihren Sitz in der Stadt. Sie brauten Biere, die wegen ihrer hervorragenden Qualität in ganz Europa begehrt waren. Egal ob in Holland, Flandern, England, Portugal oder dem gesamten skandinavischen Raum – überall gab es Wismarer Bier. Selbst Exporte nach Vorderindien sind belegt. Alte Urkunden zeigen außerdem die hohe Produktionsmenge. So wurden beispielsweise im Jahr 1465 rund 50.000 Tonnen Gerstensaft produziert. Umgerechnet in heutige Maße sind das etwa 6 Millionen Liter, von denen ungefähr 4,6 Millionen in den Export gingen. Kein Wunder also, dass man alles tat, um den Ruf des

Wismarer Bieres nicht zu gefährden. So legten die Ratsherren der Stadt – praktischerweise fast ausnahmslos wichtige Brauherren – in peniblen Verordnungen genaue Mengen, Qualitäten und Bierpreise fest. Jeder Brauer musste auf die Einhaltung der Brauordnung einen Eid schwören. Trotzdem galt: Vertrauen ist gut, gemeinsames Trinken ist besser. Ab 1495 fand jährlich eine öffentliche Bierprobe statt. Jeder Brauer musste sein Bier vorstellen und zur Verkostung freigeben. Bestand ein Gebräu die Qualitätsprobe nicht, gab es ein sofortiges Exportverbot. Weggekippt wurde allerdings nichts: Man verhökerte das Gesöff einfach als Billigbier an Einheimische. Ein eindrucksvoller Überrest der Wismarer Brauereigeschichte ist übrigens die Wasserkunst auf dem Marktplatz. Der gewaltige Brunnen im holländischen Renaissancestil wurde nicht zuletzt aufgrund des hohen Wasserbedarfs der Brauereien errichtet.

7 Früher konnten Sünder ihre Strafzettel mit Bier begleichen.

Im Mittelalter war Bier in Mecklenburg ein akzeptiertes Zahlungsmittel. Alte Chroniken und Verträge belegen, dass viele öffentliche Aufgaben zum Teil mit Bier entlohnt wurden. Arbeitsverträge mit Schleusenwärtern und Henkern enthielten beispielsweise häufig einen Passus über die genaue Höhe des zu liefernden Bierdeputats durch die Landeskasse. Wer glaubt, die Obrigkeit wollte damit ihre Untertanen schön im Delirium halten, irrt: Der Alkoholgehalt der Biere war damals sehr viel geringer als heute. Man nutzte es vor allem als Nahrungsmittel. Schon morgens trank man zur Stärkung für den Tag einen Krug Bier. Bier als Zahlungsmittel galt jedoch nicht nur für Herzöge. Im Gegenzug konnten auch Strafgelder mit einigen Tonnen Bier beglichen werden.

Einwanderer

Eigentlich sind Mecklenburg und Pommern traditionelle Auswanderergebiete. Was kaum jemand weiß: Immer wieder kamen Menschen aus ganz Europa, um hier zu arbeiten oder sich anzusiedeln.

1 **Während der Völkerwanderung tauschten sich die Einwohner aus.**

Zwischen dem 4. und 6. Jahrhundert gerieten die Völker Europas in einen kollektiven Wanderrausch. Die ursprünglich germanische Bevölkerung in den Gebieten Mecklenburgs und Pommerns machte sich auf in Richtung Süden. Ihren Platz nahmen slawische Stämme ein, die aus dem Osten kamen.

2 **Nach der Eroberung durch Heinrich den Löwen entstand ein neuer Mix.**

Mit der Unterwerfung der slawischen Stämme durch Heinrich den Löwen (1130–1195) begann die Zurückdrängung der Slawen. Anders als früher gehen Wissenschaftler heute davon aus, dass es keine komplette Vertreibung gab, sondern ein Nebeneinander von Slawen und deutschen Siedlern.

3 In der Frühen Neuzeit suchten zahlreiche Franzosen Asyl in Mecklenburg.

Weil sie wegen ihres protestantischen Glaubens in ihrer Heimat Frankreich verfolgt wurden, kamen in der Frühen Neuzeit große Gruppen der sogenannten Hugenotten auch nach Mecklenburg. Eigentlich planten sie nur einen kurzen Aufenthalt – doch das religiöse Asyl wurde vielen zur neuen Heimat. Ab 1691 siedelten sich erste Familien in Strasburg an, dass sich innerhalb kurzer Zeit zur siebentgrößten Kolonie französischer Protestanten in Deutschland entwickelte. Auch nach Bützow zogen Hugenotten. Sie kamen auf Einladung von Herzog Friedrich Wilhelm I. (1675–1713). Er stellte ihnen Häuser, Startkapital und Religionsfreiheit in Aussicht. Zudem unterlagen sie nur der eigenen Gerichtsbarkeit. Wilhelm erhoffte sich im Gegenzug die Wiederbelebung Bützows. Seine Erwartung erfüllte sich: Um 1700 lebten über 300 Franzosen in der Stadt. Sie brachten das Wollweberhandwerk ins Land und nicht zu vergessen: den Tabakanbau.

4 In Vorpommern gab es lange eine bedeutende schottische Minderheit.

Stralsund und Greifswald verfügten über eine bedeutende schottische Minderheit. Ab Mitte des 16. Jahrhunderts siedelten sie sich an: von geachteten Universitätsprofessoren und Pastoren bis zu Wunderheilern, Gauklern und Hausierern. Auch nach Wolgast, Demmin und Anklam verschlug es Kiltträger. Hauptgrund für die Übersiedlung war wie bei den Hugenotten die religiöse Verfolgung in ihrer Heimat. Für die Wahl der Hansestädte Stralsund und Greifswald als Zufluchtsort sprachen zwei Gründe: Zum einen gab es bereits seit Jahrhunderten Handelskontakte zwischen Pommern und Schottland, zum anderen bot sich den Flüchtlingen die sonst eher unübliche Chance, Bürgerrechte zu erwerben. Ganz reibungslos verlief die Integration nicht: So verweigerten die heimischen Kaufleute den Schotten den Beitritt in die Kaufmannsgilde. Die klagten vor Gericht und gewannen. Nachfahren gibt's bis heute – allerdings mit eingedeutschten Namen.

5 Schweden halfen in der mecklenburgischen Landwirtschaft aus.

Große Auswanderungswellen brachten Mitte des 19. Jahrhunderts die Landwirtschaft in Mecklenburg und Pommern in arge Bedrängnis. Wegen fehlender Arbeitskräfte konnte die Ernte nur schwer eingebracht werden. Die Lösung kam in Form von Gastarbeitern: Ab den 1850ern waren es vor allem Schweden, die bei der harten Feldarbeit in Mecklenburg halfen. Bei den Gutsbesitzern galten sie als fleißig und genügsam. Bis 1873 hielten sich in jedem Sommer zwischen 3.000 und 5.000 Schweden in Mecklenburg auf. Um die Jahrhundertwende ebbte der Gastarbeiterstrom aus Skandinavien ab. Ursache waren zu schlechte Erfahrungen mit den Gutsbesitzern – die zahlten miserabel und gaben sich herrisch.

6 Anstelle von Chinesen ersetzten Polen die Schweden.

Als schwedische Erntehelfer nicht mehr kommen wollten, diskutierte man in Mecklenburg den Einsatz außereuropäischer Gastarbeiter. So baten Gutsbesitzer in den 1890er-Jahren um Einreisegenehmigungen für Chinesen. Aus „kulturellen und religiösen" Gründen verweigerten die Ministerien ihre Zustimmung. Dadurch kamen polnische Erntehelfer zum Einsatz. Ihre Zahl stieg von Jahr zu Jahr. Waren 1902 erst 6.420 im Einsatz, so zählte man 1906 bereits 16.120. 1914 stammte jeder dritte Landarbeiter aus Polen. Die Osteuropäer lebten meist in menschenunwürdigen Verhältnissen. Sie waren in Ställen oder „Schnitterkasernen" untergebracht. Die Gutsbesitzer beuteten ihre „Gast"arbeiter gnadenlos aus.

7 Den größten Strom von Zuwanderern erlebte das Land nach 1945.

Viele Einwohner M-Vs sind streng genommen keine „waschechten“ Mecklenburger oder Vorpommern. Ihre Vorfahren kamen erst nach 1945 ins Land. Die Einwanderung geschah in zwei Wellen – einer unfreiwilligen und einer freiwilligen. Erstere war eine direkte Folge des von den Deutschen angezettelten Zweiten Weltkrieges und der damit einhergehenden Vertreibungen an seinem Ende. Viele Ostpreußen, Pommern und einige Schlesier fanden in M-V eine neue Heimat. Allein im mecklenburgischen Teil stieg die Bevölkerungszahl um über 50 Prozent. Eine zweite Einwanderungswelle gab es in den 1970er-Jahren aus den Südbezirken der DDR. Grund: Damals begann die planmäßige Industrialisierung des Nordens, die dringend Arbeitskräfte erforderte. Die Beispiele Schwerin und Neubrandenburg zeigen die Entwicklung exemplarisch: Direkt vor dem Kriegsbeginn 1939 lebten in der Landeshauptstadt 64.614 Einwohner, im Dezember 1945 waren es 87.214 – ohne dass zusätzlicher Wohnraum bestand. In Neubrandenburg stieg die Einwohnschaft zwischen 1961 und 1985 von 33.369 auf 84.654.

8 In Mecklenburg-Vorpommern wohnen nur sehr wenige Ausländer.

Gerade einmal 31.000 Ausländer leben in M-V und bereichern so die Kultur des Landes. Das ist die geringste Anzahl in einem Bundesland und entspricht nur 1,8 Prozent der Bevölkerung. Der bundesweite Durchschnitt liegt bei 8,2 Prozent. Den höchsten Anteil der in M-V lebenden Ausländer stellen mit 11,4 Prozent russische Staatsangehörige. Auf den nächsten Plätzen folgen Polen (9,7 Prozent) und Vietnamesen (9,3 Prozent). Ein kleiner Teil der Ausländer sind Jugendliche, die an M-Vs Hochschulen studieren.

Eisenbahn

250 Bahnhöfe, 1.700 Kilometer Gleise und jede Menge Fans. Die Eisenbahnen in Mecklenburg-Vorpommern faszinieren nicht nur Einheimische.

1 Am 15. Oktober 1846 dampfte die erste Lok durch Mecklenburg.

Eine der wichtigsten deutschen Eisenbahnrouten führt bis heute durch M-V: die Strecke Berlin–Hamburg. Sie war nicht nur die erste im Land, sondern auch die erste Fernstrecke in Deutschland. Entstehen konnte sie nur durch die maßgebliche Unterstützung Mecklenburgs. Im November 1841 schlossen Preußen, Dänemark, Mecklenburg-Schwerin, Hamburg und Lübeck einen Staatsvertrag über den Bau der Verbindung ab. Von den 8 Millionen Talern Startkapital, die vor allem Privatleute aufbrachten, übernahm Mecklenburg 1,5 Millionen Taler. Am 6. Mai 1844 erfolgte der offizielle Spatenstich in Ludwigslust. Nach nur 30 Monaten war der Bau abgeschlossen, so dass am 15. Oktober 1846 der erste Zug von Berlin bis Boizenburg fahren konnte. Zwei Monate später feierte man die Übergabe der Reststrecke bis Hamburg. Eine Fahrt zwischen Berlin und Hamburg dauerte damals rund 9 Stunden. Heute sind es im ICE rund 90 Minuten – zumindest dann, wenn alles klappt.

2 Bad Kleinen ist die wichtigste Eisenbahnstadt des Landes.

Bad Kleinen, am nördlichen Ende des Schweriner Sees gelegen, ist der wichtigste Eisenbahnknotenpunkt M-Vs. Dort kreuzen sich die Nord-Süd- und Ost-West-Routen. Die Bedeutung und der Ausbau des Ortes hängt eng mit dem Bahnanschluss von 1848 zusammen. Kein Wunder also, dass man die Bahn sogar im Stadtwappen von Bad Kleinen findet. Traurige Berühmtheit erlangte der Bahnhof im Juni 1993. Bei der versuchten Festnahme der RAF-Mitglieder Birgit Hogefeld und Wolfgang Grams durch BKA und GSG-9 starben nach einem Schusswechsel der GSG-9-Beamte Michael Newrzella und der Terrorist Wolfgang Grams.

Warum ausgerechnet der Mini-Ort Bad Kleinen einen Maxi-Bahnhof besitzt, ist unter Eisenbahnfans umstritten. Es gibt zwei Theorien. Die erste besagt, dass der Schweriner Großherzog Schuld daran hat. Angeblich wollte er keinen Eisenbahnknotenpunkt in seiner kleinen Residenzstadt. Er befürchtete, dass die Dampfloks sein schönes Schwerin verschmutzen würden. Theorie Nummer 2 klingt überzeugender: Die geographischen Gegebenheiten sprachen einfach für Bad Kleinen. Der Bau der Strecke Rostock–Schwerin war so am kostengünstigsten zu bewerkstelligen. Jeder andere Verlauf hätte einen Tunnel oder eine Brücke über den Schweriner See erfordert.

3 Die Bahnen in Mecklenburg wechselten ständig den Besitzer.

Bahnprivatisierungen – und ihr Gegenstück, die Verstaatlichung – sind in M-V ein alter Hut. Besonders im 19. Jahrhundert wechselte der Bahnbesitz ständig. Zunächst gab es ein Nebeneinander von großherzoglichen Strecken und solchen, die mit Privatkapital gebaut und betrieben wurden. Um den Verkauf der Privatbahnen an Preußen zu verhindern, verstaatlichte man sie 1873 kurzentschlossen. Wegen Finanzierungsschwierigkeiten gab es zwei Jahre später eine Rolle rückwärts: Die Bahnen wurde re-privatisiert. 1889 überlegte man es sich erneut anders. Der Staat kaufte die neun existierenden Bahnfirmen und ihre zum Teil neu erbauten Strecken bis 1894 komplett auf.

4 Die Hubbrücke von Karnin war ein technisches Meisterwerk.

Obwohl sie nur 12 Jahre ihren Dienst versah, ist die Hubbrücke von Karnin bis heute ein außergewöhnlicher Eisenbahnbrückenbau. 1933 eingeweiht, überspannte sie die Peene auf einer Länge von 360 Metern. Näherte sich ein Zug, senkte sie sich in nur zwei Minuten und fuhr danach für Schiffe bis auf eine Höhe von 35 Metern herauf. Die Konstruktion ersetzte eine alte Drehbrücke und sorgte für einen reibungslosen Eisenbahnanschluss der Insel Usedom – ohne den Schiffsverkehr zu beeinträchtigen. Im April 1945 ließen die Nazis die Anlage sprengen, um der Roten Armee den Weg zu versperren. Heute ist die Brücke eine imposante Ruine unter Denkmalschutz.

5 Im Land versehen noch zwei Schmalspurbahnen ihren Dienst.

In M-V gibt es zwei Schmalspurbahnen, die im täglichen Regelbetrieb fahren. Der „Rasende Ronald“ mit seinen 750 Millimetern Spurweite ist seit 1895 auf der Insel Rügen unterwegs. Vom früheren 100 Kilometer langen Streckennetz bedient er heute noch rund 25 Kilometer. Mit gemütlichen 30 km/h dampfen die alten Loks und Waggons von Lauterbach (Mole) über Putbus, Binz, Sellin und Baabe nach Göhren. Sein etwas älterer Kollege „Molli“ fährt dagegen immer noch seine ganze 15,4 Kilometer lange Originalstrecke von Bad Doberan über Heiligendamm nach Kühlungsborn – und zwar seit 1886. Sein Gleisbett ist mit 900 Millimetern etwas breiter als das des Rasenden Rolands.

6 Auf Rügen gehen regelmäßig komplette Eisenbahnzüge in die Luft.

Unter Kennern gilt der Hafen von Mukran auf der Insel Rügen als der „Westlichste Bahnhof der Transsibirischen Eisenbahn“. Grund: Er ist der einzige Seehafen Westeuropas, der mit einer Anlage zum Fahrgestellwechsel ausgerüstet ist. Weil die Spurbreite der westeuropäischen Bahnen nicht mit dem breiteren russischen und finnischen Schienennetz übereinstimmt, bekommen hier alle Waggons neue Achsen verpasst. Die Hänger werden mit einem Kran in die Luft gehoben und dann auf andere Unterbauten gestellt. Nicht zuletzt wegen dieser Spezialisierung ist Mukran der größte Eisenbahnfährhafen Deutschlands.

Eiszeit

Millionen Touristen kommen jährlich nach M-V und erfreuen sich an der herrlichen Landschaft mit ihren vielen Seen und Hügeln. Der Dank dafür gebührt skandinavischen Eismassen.

1 Dreimal kamen die Eismassen aus dem Norden.

Während der Elster-, Saale- und Weichselkaltzeiten war das Gebiet des heutigen M-Vs fast komplett mit Gletschern bedeckt. Die kalten Massen schoben sich langsam von den skandinavischen Gebirgszügen über die Ostsee in unsere Region. Mit dem Eis fanden auch Mammuts den Weg nach M-V.

2 Vor allem die letzte Eiszeit prägte die Landschaft.

Die Weichselkaltzeit dauerte rund 100.000 Jahre und endete vor etwa 20.000 Jahren. Sie formte das Landschaftsbild entscheidend. Als die Eismassen schmolzen, hinterließen sie Grundmoränen, Endmoränen, Sander und Urstromtäler. Diese sind bis heute genau zu erkennen.

3 Das Gatschower Os ist mit 40 Kilometern der längste „Berg“ Norddeutschlands.

Sie sehen aus wie Bahndämme ohne Gleise, sind in Wahrheit aber natürliche Zeugnisse der Eiszeit: die sogenannten Oser. Sie entstanden durch die Ablagerung von Kies und Sand in tunnelartigen Gletscherspalten. Als das Eis schmolz, blieb die Spaltenfüllung als Os zurück. Der längste Oszug Norddeutschlands ist der sich über 40 Kilometer erstreckende Stavenhagen-Gatschower Os. Er steht unter Naturschutz.

4 Der Geopark „Mecklenburgische Eiszeitlandschaft“ ist in Mitteleuropa einmalig.

Der Geopark erstreckt sich zwischen Demmin, Neustrelitz, Feldberg, Teterow und Pasewalk über eine Fläche von rund 5.000 Quadratkilometern. Damit umfasst er rund 20 Prozent des Territoriums M-Vs. Die in Mitteleuropa einzigartige Landschaft ist durch viele Rad- und Wanderwege erschlossen. Die 666 Kilometer lange „Eiszeitroute Mecklenburgische Seenplatte“ führt an allen Highlights vorbei und ist mit unzähligen Infotafeln ausgestattet.

5 In Altentreptow liegt der größte Findling des Landes.

Der „Bismarck-Stein“ in Altentreptow ist ein wahrer Koloss: 23 Meter Umfang, eine Höhe von 5,2 Metern, ein Volumen von 133 Kubikmetern und ein Gewicht von 350 Tonnen machen ihn zum größten Findling auf dem deutschen Festland. Zwei Drittel des dicken Brockens liegen unter der Erde.

6 Mehr als 20 Findlingsgärten präsentieren große Steine.

Dass Mecklenburg-Vorpommern ein steinreiches Land ist, zeigen mehr als 20 Findlingsgärten. In allen Regionen des Landes gelegen, präsentieren sie Großgesteine und klären über ihren Ursprung auf. Bei vielen Stücken konnten Experten den genauen skandinavischen Herkunftsort ermitteln.

Erfinder

Zugegeben: Die berühmtesten Erfinder kommen nicht aus M-V. Aber auch hier gab und gibt es schlaue Tüftler, die sich tolle Produkte ausdenken. Das belegen über 11.000 offizielle Patente.

1 Peter Kreeft aus Barth erfand den geschlossenen Tauchanzug.

Offiziell gelten zwei Engländer als Erfinder des ersten geschlossenen Tauchanzuges. Doch Quellen belegen: Der Kaufmann und Kapitän Peter Kreeft aus Barth spazierte bereits im Jahr 1800 in einer selbstgebauten Montur auf dem Ostseegrund herum. Der Ganzkörperanzug zeichnete sich nicht nur durch seine getrennten Schläuche für die Atem- und Ausatemluft aus, sondern auch durch eine Sprechverbindung nach oben. Die Tauchtiefe, die Kreeft damit erreichte, lag bei etwa zehn Metern und beeindruckte den schwedischen König Gustav IV. Adolf. Der sah sich im Juni 1800 ein Show-Tauchen Kreefts in Stralsund an. Kreefts Idee hatte übrigens eine ganz praktische Ursache: Er wollte eine gesunkene Ladung Kupferplatten vom Ostseegrund holen. Die Bergung gelang – aber der Anzug geriet schnell wieder in Vergessenheit.

2 Wilhelm Bartelmann aus Rostock erfand den Strandkorb.

Beim G-8-Treffen in Heiligendamm im Jahr 2007 zwängten sich George Bush, Angela Merkel und die anderen Staatschefs der acht größten Wirtschaftsnationen in eine der beliebtesten Erfindungen aus M-V: den Strandkorb. Gerade weil er heute fast überall in der Welt verbreitet ist, wissen nur wenige, wo das gute Stück eigentlich herkommt. Sein Erfinder ist der Rostocker Korbmacher Wilhelm Bartelmann (1845–1930). Er betrieb 1882 einen kleinen Laden in der Rostocker Innenstadt, als ihn eine gewisse Elfriede von Maltzahn aufsuchte. Der an Rheuma leidenden Kundin stand der Sinn nach einer Sitzgelegenheit für den Strand. Die sollte sie zuverlässig gegen allzu viel Sonne und Wind schützen. Bartelmann nahm den Auftrag an und konstruierte aus Weiden und Rohr den ersten Strandkorb der Welt. Am Warnemünder Ufer sorgte das Sitzmöbel für reichlich Aufsehen. Spötter bezeichneten es zwar als „aufrecht stehenden Wäschekorb“, doch ganz offensichtlich wollten viele Urlauber in genau so einem Ungetüm thronen. Zum ursprünglich nur einsitzigen Modell gesellte sich bereits in der folgenden Badesaison ein Zweisitzer hinzu. Gleichzeitig eröffnete Bartelmanns Frau in Warnemünde den ersten Strandkorbverleih. Weil es der clevere Erfinder jedoch versäumte, ein Patent auf seine Erfindung anzumelden, gab es bald zahlreiche Nachbauten. Sie waren aber keine reinen Kopien. Viele Modelle zeichneten sich durch höhere Bequemlichkeit aus: Fußstützen, Armlehnen und Seitentischchen verwandelten den Strand zum Wohnzimmer. Nur 15 Jahre später gab es kaum noch ein Meeresufer an Nord- und Ostsee ohne die komfortable Rostocker Erfindung.

3

Ernst Alban baute in Plau die erste funktionierende Hochdruckdampfmaschine.

Die frühen Dampfmaschinen hatten eine ziemlich unangenehme Nebenwirkung: Wurde der Druck im Dampfkessel zu groß, neigten die kraftstrotzenden Monster dazu, einfach zu explodieren. Schäden nicht geringen Ausmaßes waren die Folge. Gefahrlos wurde alles erst mit der Erfindung eines Mecklenburgers: Ernst Alban (1791–1856). Der studierte Augenarzt interessierte sich schon früh für den Maschinenbau und besuchte an der Universität – parallel zu seinen medizinischen Pflichtfächern – Maschinenbaukurse. Nach seinem Abschluss praktizierte Alban ab 1815 zehn Jahre erfolgreich als Arzt in Rostock, doch schließlich siegte seine Liebe zu Maschinen. Er reiste nach England – damals die führende Industrienation – und verdingte sich in verschiedenen Fabriken als Praktikant. Nach Mecklenburg zurückgekehrt, gründete Alban 1827 in der Nähe von Rostock eine Maschinenbaufabrik. Eines seiner ersten kommerziell erfolgreichen Produkte war eine Sämaschine. Nach einer weiteren, kurzen Zwischenstation in Güstrow siedelte sich der Tüftler schließlich in Plau an. Dort errichtete er eine Maschinenbaufabrik mit angeschlossener Eisengießerei. In Plau gelang ihm schließlich auch der Durchbruch zur explosionssicheren Dampfmaschine. Albans Konstruktionstrick: Statt eines einzelnen Großkessels baute er ein System aus mehreren Kesseln und Röhren. Seine Erfahrungen gab Alban bereitwillig weiter. Er schrieb ein Lehrbuch, das sogar ins Englische übersetzt und in den USA und Großbritannien weit verbreitet wurde. Der Legende nach gab der geniale Erfinder auch seinen einfachen Arbeitern Maschinenbauunterricht – in einer Art privater Volkshochschule. Praktische Anwendung fand die Albansche Dampfmaschine auf einem Schiff, das lange auf Müritz kreuzte – zum Leid der Fischer. Sie meinten, das Ungetüm vergraule durch seinen Lärm die Fische.

4 Siegfried Marcus aus Malchin bastelte das erste Benzinauto der Welt.

Die Erfinder des Automobils sind Carl Benz und Otto Daimler – so steht es zumindest in den meisten Geschichtsbüchern. Doch die beiden Süddeutschen waren nicht wirklich die ersten, die ein benzinmotorengetriebenes Fahrzeug konstruierten. Diese Pioniertat gelang dem in Malchin geborenen Siegfried Marcus (1831–1898). Um 1870 zuckelte der Pionier des Automobilbaus mit seinem ersten Wagen durch Wien – 16 Jahre vor Carl Benz. Weil Marcus' Konstruktion aber weder Bremsen, Lenkung noch Kupplung hatte, gilt sie nicht als echtes Auto. Das ist natürlich Definitionssache. Einen bleibenden Verdienst kann Marcus niemand absprechen: Der im Motor tätige Vergaser war der erste, der mit einem Benzin-Luft-Gemisch arbeitete. Bis heute basieren alle Verbrennungsmotoren auf diesem Prinzip. An Bequemlichkeit ließ das Gefährt, das eher wie ein Ofenrohr auf vier Rädern aussah, deutlich zu wünschen übrig. Erst bei seinem zweiten Wagen, der 1889 fertig wurde, nahm Marcus Rücksicht auf die „Automobilisten" und rüstete ihn mit einem ordentlichen Sitzbock aus. Neben dem Automobilbau interessierte sich der Tüftler auch für andere Technikbereiche. Allein zwischen 1876 und 1898 meldete er 76 unterschiedliche Erfindungen zum Patent an. So baute er einen automatischen Morseapparat, einen Feldtelegraphen und beschäftigte sich mit Torpedos. Beleuchtungstechnik war ebenfalls ein Steckenpferd des Malchiners. Bleibende Dankbarkeit sicherte sich Siegfried Marcus bei der österreichischen Kaiserin Elisabeth. In der Wiener Hofburg installierte er ihr eine elektrische Klingelanlage. Mit der konnte Sissi nun die gesamte Dienerschaft auf Trab halten. Angeblich betätigte sich Marcus auch als naturwissenschaftlicher Lehrer von Kronprinz Rudolf. Trotz dieser engen Kontakte zum österreichisch-ungarischen Kaiserhaus und der Liebe zur Stadt Wien – den Kontakt zu seiner Heimat ließ Marcus nie abreißen. Bis zu seinem Lebensende hielt er an seiner mecklenburgischen Staatsbürgerschaft fest.

5 Hans Seehase aus Rostock ist der genialste Allround-Erfinder des Landes.

Hans Seehase (1887–1974) kann man ohne Übertreibung ein wahres Erfindergenie nennen. Der Sohn eines Warnemünder Bahnhofskneipenwirtes meldete im Laufe seines Lebens rund 200 Patente an. Die meisten von ihnen waren beileibe keine Schnapsideen. Drei Dinge interessierten Seehase ganz besonders: Rechenschieber, Autos und Flugzeuge. Nach seinem Maschinenbaustudium in Berlin, das er mit Auszeichnung und dem Doktortitel abschloss, wurde Seehase 1918 Chefkonstrukteur in der Flugzeugfirma des Österreichers Joseph Sablatnig. Er entwarf mehrere Flugzeuge, die auch im Liniendienst zwischen Berlin, Bremen, Swinemünde, Warnemünde und Kopenhagen verkehrten. Besonders kurios wirkt aus heutiger Sicht die Konstruktion eines Flugzeugs mit einklappbaren Tragflächen. Nach dem Konkurs von Sablatnigs Firma wagte der Mecklenburger den Sprung in die Selbstständigkeit – mit einer ziemlich bodenständigen Geschäftsidee: In Berlin-Kreuzberg stellte er Rechenschieber her. Was sich relativ unspektakulär anhört, war damals eine wichtige Sache. Da es weder Computer noch Taschenrechner gab, mussten komplizierte Berechnungen schriftlich oder per Rechenschieber ausgeführt werden. Durch verschiedene Erfindungen und Patente vereinfachte Seehase die Berechnungen und hatte gut ausgesorgt. Doch statt sich zur Ruhe zu setzen, steckte er das Geld in weitere Erfindungen. So baute er zum Beispiel einen Drachenflieger und beschäftigte sich Ende der 1930er-Jahre mit der Konstruktion von muskelbetriebenen Flugzeugen. Die heute vielleicht seltsam anmutenden Bestrebungen führten immerhin zu drei unterschiedlichen Modellen, mit denen er Flugweiten von bis zu 90 Metern schaffte. Der Zweite Weltkrieg und die Einstufung seiner Forschung als nicht kriegswichtig verhinderten eine weitere Beschäftigung mit dem Thema. Selbst im Automobilbau mischte der findige Warnemünder mit: 1921 schuf er einen spritsparenden Kleinwagen.

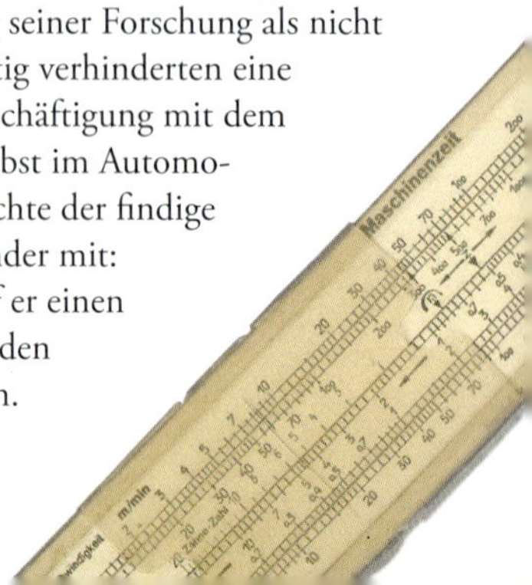

6 Ernst Heinkel baute in Rostock das erste Düsenflugzeug der Welt.

Im Jahr 1922 gründete der Flugzeugingenieur Ernst Heinkel (1888–1958) in Rostock seine Flugzeugwerke und führte sie innerhalb weniger Jahre an die Spitze der deutschen Luftfahrtindustrie. Mit bahnbrechenden Erfindungen beeinflusste er den Flugzeugbau grundlegend. Zunächst schuf Heinkel vor allem kleinere Flugzeuge, zum Beispiel für die amerikanische Post. Darauf aufbauend konstruierte er Ende der 1920er-Jahre auch ein Spezialflugzeug für den Ullstein-Verlag. Der sogenannte Zeitungsflieger wurde eingesetzt, um in den Sommermonaten die aktuellen Morgen- und Abendausgaben der Berliner Tageszeitungen an die Ostseeküste zu transportieren.

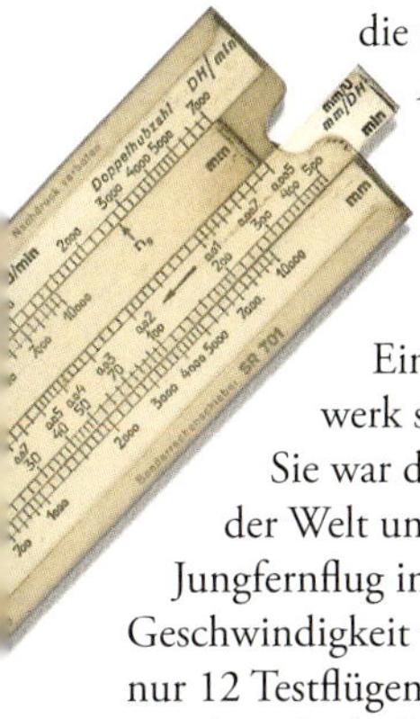

Ein technisches Meisterwerk stellte die HE 178 dar. Sie war das erste Düsenflugzeug der Welt und erreichte bei ihrem Jungfernflug im August 1939 eine Geschwindigkeit von 700 km/h. Nach nur 12 Testflügen wurde das Düsenjet-Projekt jedoch abgebrochen und die Maschine ins Museum gebracht. Grund für den plötzlichen Stopp: der Beginn des Zweiten Weltkrieges. In den Rostocker Heinkel-Werken wurden nun Unmengen an Aufklärern und Bombern produziert. Eine Weiterentwicklung des Düsenflugzeuges wäre zum damaligen Zeitpunkt zu aufwändig und zeitraubend gewesen. Diese Episode zeigt sehr deutlich die Janusgestalt der Rostocker Flugzeugindustrie. Trotz aller technischen Brillianz, die Heinkel und seine Konstrukteure an den Tag legten und über die man auch heute noch ins Schwärmen geraten kann – spätestens ab Mitte der 1930er-Jahre diente die Ingenieurskunst vor allem einem Ziel: der Hochrüstung der deutschen Kriegsmaschinerie. Selbst innovative Rostocker Erfindungen wie der erste Schleudersitz in einem Flugzeug (1941) bekommen da einen fahlen Beigeschmack. Am Ende traf es auch die Heinkelwerke. Bei schweren Fliegerangriffen wurden sie weitgehend zerstört – zusammen mit der Rostocker Innenstadt.

Feuerwehr

Nicht nur in den Dörfern des Landes gehört sie zum Ortsbild wie Kirche und Dorfteich – die Freiwillige Feuerwehr. Tausende Ehrenämtler werden in ihrer Freizeit zu Helfern und Lebensrettern.

1 Im Brandfall helfen meist die Freiwilligen Feuerwehren.

In M-V gibt es sechs Berufsfeuerwehren mit etwa 700 Beamten. Sie wirken in Rostock, Schwerin, Neubrandenburg, Wismar, Stralsund und Greifswald. Zusätzlich sind in diesen Städten und im Rest des Landes 954 Freiwillige Feuerwehren mit rund 28.000 hilfsbereiten Männern und Frauen tätig. Das bedeutet: 98 Prozent aller Feuerwehrleute arbeiten ehrenamtlich. Sie trainieren ausschließlich in ihrer Freizeit für den Ernstfall. Der muss nicht immer ein Brand sein. Auch bei Naturkatastrophen und Unfällen fahren sie zum Einsatz. Der dringend benötigte Nachwuchs kommt vor allem durch die 675 Jugendfeuerwehren. Bei ihnen üben rund 6.600 Jugendliche.

2 Die Frauenquote bei den Wehren im Land ist relativ hoch.

Der Anteil an aktiven Frauen bei den Freiwilligen Feuerwehren M-Vs ist außergewöhnlich hoch. Sie liegt bei 13,2%. Zum Vergleich: In den westdeutschen Bundesländern sind es nur 8%. Die Zukunftsaussichten sind noch positiver. Bei den Jugendfeuerwehren engagieren sich sehr viele Mädchen. Ihr Anteil beträgt rund 30 %.

3 Feuerwehrfrauen aus M-V sind bei Meisterschaften besonders gut.

Bei nationalen und internationalen Feuerwehr-Wettkämpfen schneidet die Frauenmannschaft „Team MV“ besonders gut ab. So wurden sie schon viermal Deutscher Meister und einmal Vize-Weltmeister. Für diese Titel müssen verschiedene Disziplinen absolviert werden, darunter eine Hindernis-Staffel und ein Löschangriff.

4 In Schwerin gibt es ein Internationales Feuerwehrmuseum.

Im April 2009 eröffnete in der Schweriner Halle am Fernsehturm ein Internationales Feuerwehrmuseum. Es ist ein Ableger des seit 1995 existierenden Landesfeuerwehrmuseums Meetzen. Auf 4.500 Quadratmetern sind unter anderem historische Fahrzeuge, Löschgeräte und Uniformen zu sehen. Besonders stolz ist man auf die umfangreiche Helmsammlung mit über 600 Exponaten aus aller Welt und die einzigartige Philateliesammlung mit Briefmarken und Ersttagsbriefen rund um das Thema Feuerwehr. Auch in Bützow, Plate, Teterow, Bergen und Pasewalk gibt es historische Sammlungen.

5 Keimzelle der Freiwilligen Feuerwehren waren oft Sportvereine.

Brandbekämpfung war in M-V lange eine ziemlich chaotische Angelegenheit – besonders in den mittelalterlichen Städten. Obwohl die meisten Bauten äußerst brandanfällig waren, gab es keine geregelten Abläufe für den Fall des Falles. Jeder, der einen Eimer sein eigen nannte, half mit, wenn es brannte. Zumindest dann, wenn er Lust hatte. Erst im ausgehenden 17. Jahrhundert entstanden die ersten Brand- und Feuerverordnungen, die Grundlegendes regelten. Doch bis zu richtigen Feuerwehren war es noch ein weiter Weg. Sie entstanden frühestens um 1850. Meist als Reaktion auf ein lokales Brandereignis schlossen sich Männer örtlicher Turnerverein zu Turnerwehren zusammen. Die Berufsfeuerwehren entstanden zwischen 1869 (Schwerin) und 1945 (Neubrandenburg).

6 Die Freiwillige Feuerwehr Malchow wurde als Feierwehr zwangsaufgelöst.

2006 erregte die Freiwillige Feuerwehr Malchow bundesweites Interesse. Anlass war ein bis dahin für die Bundesrepublik einmaliger Vorgang: Die fast 100 Jahre alte Freiwillige Feuerwehr wurde zwangsaufgelöst. Grund für die ungewöhnliche Maßnahme: Der Verein galt nicht mehr als Feuerwehr, sondern als Feierwehr. Mit „mafiösen Strukturen“ – so der Vorwurf – sei das Feuerwehrhaus als Party- und Privatdomizil vereinnahmt worden. Der Bürgermeister machte Schluss damit. Er bestellte eine Pflichtfeuerwehr. Laut Landesbrandschutzgesetz kann jeder Mecklenburger und Vorpommer zwischen 18 und 55 Jahren zum Dienst verpflichtet werden. Mittlerweile ist in Malchow kein Zwang mehr nötig: Es gibt wieder genug fleißige Freiwillige, die sich für die Gemeinschaft engagieren.

7 Eine der größten Katastrophen war der Brand des Schweriner Schlosses.

Am Abend des 14. Dezember 1913 – kurz nach 21 Uhr – wurde die Residenzstadt Schwerin aus ihrer üblichen Ruhe gerissen: „Das Schloss brennt!" Schnell war klar: Allein konnten die Schweriner Feuerwehren der Feuersbrunst nicht beikommen. Telegrafisch baten sie die Wehren von Rostock und Hamburg um Hilfe, die sich ohne Zögern auf den Weg machten. Die Hamburger reisten mit einem Sonderzug an. Ihr Chef eilte mit einem Auto voraus – kam jedoch wegen einer Reifenpanne später an. Nur vier Stunden nach Alarmierung standen die Wehren der Hansestädte auf der Schlossinsel und halfen den Schwerinern. Erst im Morgengrauen war das Feuer unter Kontrolle und das Ausmaß der Schäden sichtbar. Fast eine ganze Etage brannte aus. Darunter auch der wertvolle Goldene Saal.

8 Zwei Feuerlöschboote stehen in den Häfen des Landes zum Einsatz bereit.

Die Hansestädte Rostock und Stralsund sind Heimathäfen der beiden aktiven Feuerlöschboote M-Vs. Die Kommunen sind zugleich finanzielle Träger der schwimmenden Feuerwehren. Zum Einsatz kommen die Boote vor allem in den Häfen, aber auch auf der Ostsee. Das erste Feuerlöschboot Mecklenburgs nahm bereits 1914 in Rostock seinen Dienst auf. Das 15 Meter lange Schiff fuhr bis in die 1940er-Jahre. Wo es abgeblieben ist, weiß heute niemand – die Spur des Bootes verliert sich am Ende des Zweiten Weltkrieges auf mysteriöse Weise. Der provisorische Nachfolger von 1950 erfüllte seinen Zweck übrigens nicht einmal im Ansatz: Wenn es brannte, war die umgebaute Schute „Elli" entweder defekt oder so langsam, dass die Brände beim Eintreffen schon von anderen Einheiten gelöscht waren.

Fischerei

Angeblich glauben einige Stadtkinder, dass Kühe lila sind. Wahrscheinlich denken sie auch, dass Fischstäbchen die natürliche Lebensform von Fischen sind. Hier sei exklusiv verraten: Das stimmt nicht! M-Vs Fischer können es bezeugen.

1 Die Fischreviere des Landes zählen zu den größten Deutschlands.

Mecklenburg-Vorpommern ist ein wahres Paradies für Fischer und Angler – nicht nur wegen der schönen Aussicht bei der Jagd nach dem großen Fang. Mit 600.000 Hektar Ostseefläche und 72.000 Hektar Binnenseen hat das Land eines der größten deutschen Fischreviere. Hinzu kommen noch einmal rund 18.000 km Fließgewässer.

2 Die Anzahl der Fischereibetriebe ist nach der Wende gesunken.

Rund 1.000 haupt- und nebenberufliche Fischer werfen in M-Vs küstennahen Gewässern und den Binnenseen ihre Netze und Angeln aus. Die Anzahl der Betriebe, Fischereigenossenschaften und Beschäftigten sank nach der Wende deutlich. Heute hat sich die Lage stabilisiert – auch beim Nachwuchs. Jedes Jahr gibt es etwa 25 Fischerei-Azubis.

3 Fischerei ist eine der ältesten Kulturtechniken, die in der Region betrieben wird.

Schon seit über 6.000 Jahren wird im Gebiet des heutigen Mecklenburg-Vorpommern Fischerei betrieben. Archäologische Forschungen belegen diese Tatsache eindrucksvoll. So fanden Unterwasserarchäologen vor Timmendorf/Poel einen komplett erhaltenen Einbaum, Fischzäune, Fischsperren, zehntausende Fischgräten und zahlreiches Angelwerkzeug aus der Steinzeit. Elegant geschwungene Holzkeile, die die Jahrtausende im Wasser ohne Schaden überstanden, dienten beispielsweise zum Aalstechen. Die Entdeckungen in der Wismarer Bucht gelten unter Wissenschaftlern als kleine Sensation: Bisher war man nicht von einer so hohen Bedeutung des Fischfangs für unsere Vorfahren ausgegangen.

4 Rostock ist Heimathafen des größten deutschen Fischereischiffes.

Das Rostocker Hochseeschiff „Maartje Theadora“ ist Deutschlands größtes Fischereischiff. Der 141 Meter lange und 19 Meter breite Superdampfer ist eine schwimmende Fischfabrik und vor allem in der Südsee unterwegs. Zusammen mit den anderen in M-V gemeldeten Fischtrawlern ist die „Maartje Theadora“ aber nur ein zwergenhaftes Abbild der früheren DDR-Hochseefischerei. Zwischen 1952 und 1989 existierten in Rostock und Stralsund riesige Fischkombinate. Sie deckten 91,5 Prozent des DDR-Fischbedarfes ab. Zur Wendezeit arbeiteten rund 10.000 Menschen, darunter 5.000 Hochseefischer, in den Betrieben. In den 1990er-Jahren kam das Aus. Die Schiffe wurden verschrottet oder verkauft.

5 Die Fischereierträge schwanken von Jahr zu Jahr beträchtlich.

Bei Fischerei denken viele an einen romantischen Arbeitsplatz. Dabei ist der Job sehr hart. Nicht nur die schwere körperliche Belastung ist eine Herausforderung – auch die unsicheren finanziellen Erträge behindern die Arbeit der Fischer. Schwankende Fangergebnisse, verbindliche Fangquoten, schlecht kalkulierbare Marktpreise – rationale Gründe, die Fischerei ganz sein zu lassen, gibt es eigentlich genug. In den letzten Jahren bewegte sich die Menge des gefangenen Ostseefisches im Land zwischen 15.000 und 22.000 Tonnen pro Jahr. Die damit erzielten Einnahmen lagen bei durchschnittlich 12 Millionen Euro. Hinzu kommen die Binnenfischerei und die Aquakultur.

6 Heringe machen den Hauptteil des Fischfangs in M-V aus.

Mit einem Anteil von 66 Prozent ist Hering der am häufigsten angelandete Fisch der Kleinen Hochsee- und Küstenfischerei. Mit klarem Abstand folgen auf Platz zwei und drei Dorsch und Plattfische wie Flunder und Scholle. Bedeutsam sind auch die Fänge von Aal, Hecht, Barsch und Zander. Mit einem Anteil von 91 Prozent dominieren Seefische eindeutig die Statistik, während Süßwasserfische aus den Bodden und Haffen nur 9 Prozent der Menge ausmachen. Zunehmende Relevanz sollen schon in naher Zukunft in Aquakultur gezüchtete Fische bekommen. An der Rostocker Universität gibt es daher sehr konkrete Pläne, einen Masterstudiengang für „Aquakultur" einzurichten.

7 Über 100.000 Mecklenburger und Vorpommern fröhnen dem Angelsport.

Um es gleich vorweg zu nehmen: In Mecklenburg-Vorpommern gibt es keine freien Angelgewässer. Das heißt: Wer älter als 10 Jahre ist und seine Angel in Hoffnung auf einen dicken Fisch in einen Tümpel halten möchte, der muss stolzer Besitzer eines offiziellen Angelscheins und einer örtlichen Angelerlaubnis sein. Verstöße werden mit saftigen Geldstrafen geahndet. Selbstverständlich halten sich die 100.000 einheimischen Angler des Landes penibel an die Vorschriften, schließlich ist etwa die Hälfte von ihnen in rund 800 Vereinen organisiert. Auch Touristen können in M-Vs Gewässern ihr Glück versuchen. Sie benötigen seit 2005 nur den sogenannten Touristen-Fischereischein. Er ist landesweit erhältlich, kostet einschließlich Fischereiabgabe 20 Euro und gilt für einen zusammenhängenden Zeitraum von vier Wochen.

8 In Mecklenburg-Vorpommerns Gewässern sind über 100 Fischarten heimisch.

Von A–Z sind das: Aal, Aalmutter, Aland, Äsche, Atlantischer Stör, Bachforelle, Bachneunauge, Bachschmerle, Barbe, Barsch, Binnenstint, Bitterling, Brasse, Buckelmaräne, Butterfisch, Döbel, Dornhai, Dorsch, Elritze, Finte, Flunder, Flußneunauge, Giebel, Glattbutt, Graskarpfen, Grasnadel, Gründling, Güster, Hasel, Hecht, Hering, Hornhecht, Karausche, Karpfen, Kaulbarsch, Kliesche, Klippenbarsch, Roter Knurrhahn, Köhler, Lachs, Maifisch, Makrele, Maräne, Marmorkarpfen, Meeräsche, Meerforelle, Meerneunauge, Moderlieschen, Mondfisch, Nase, Nordseeschnäpel, Ostgroppe, Ostseeschnäpel, Ostseestör, Petermännchen, Plötze, Quappe, Rapfen, Regenbogenforelle, Rotauge, Rotfeder, Sandaal, Sandgrundel, Sardelle, Scheibenbauch, Schellfisch, Schlammpeitzger, Schlangennadel, Schleie, Scholle, Schwarzgrundel, Schwarzmundgrundel, Schwertfisch, Schwimmgrundel, Seebulle, Seehase, Seequappe, Seeskorpion, Seestichling, Seezunge, Silberkarpfen, Sonnenbarsch, Sprotte, Steinbeißer, Steinbutt, Steinpicker, Stichling, Stint, Stöcker, Strandgrundel, Ukelei, Weißflossengründling, Weißgrundel, Wels, Westgroppe, Wittling, Wolfsbarsch, Zährte, Zander, Ziege, Zope und Zwergwels.

FKK

Seit dem Wegfall der Grenzanlagen auf Usedom herrscht auf der Insel ein deutsch-polnischer FKK-Streit. An den anderen Stränden des Landes genießen Nackedeis das hüllenlose Baden völlig unbeschwert.

1 In Mecklenburg-Vorpommern gibt es nicht einen einzigen FKK-Verein.

Obwohl sich im Sommer zahllose Nudisten ein Stelldichein beziehungsweise ein Liegdochrum in M-V geben, ist es das einzige Bundesland, in dem es keinen FKK-Verein gibt. Im Rest der Republik existieren rund 130 Vereine. Sie sind im „Deutschen Verband für Freikörperkultur" organisiert. Dass Mecklenburger und Vorpommern schamhafter sind als die anderen, ist nicht anzunehmen. Wahrscheinlich sind sie nur viel unkomplizierter und ziehen sich einfach so aus: ohne Kassenwart und Schriftführer!

2 Nacktbaden hat an der Ostseeküste eine lange Tradition.

Der Arzt Samuel Gottlieb von Vogel (1750–1837) gab nicht nur den Anstoß zur Gründung des ersten deutschen Seebades in Heiligendamm, sondern gilt FKK-Anhängern auch als einer der Urväter ihrer Bewegung. Vogel riet dringend davon ab, sich angezogen in die Ostseefluten zu stürzen. Die meisten Zeitgenossen sahen Nacktbaden jedoch als unmoralisch an. Erst in der Weimarer Republik erlebte die Nudistenbewegung ihren Durchbruch. Ein bevorzugtes Ziel der Anhänger der Freikörperkultur war die Insel Hiddensee. Wegen der vielen Nacktbader bekam die „Hucke“, ein Strandabschnitt mit 40 Meter hoher Steilküste, schnell den Spitznamen „Affenfelsen“ weg. Nach dem Zweiten Weltkrieg begann der Aufstieg zum Massenphänomen. In den 1980er-Jahren gab es im Bezirk Rostock rund 40 offizielle FKK-Strände mit einer Gesamtlänge von 36 Kilometern. Das entsprach 15 Prozent der touristisch genutzten Küstenlinie M-Vs. Hinzu kamen zahlreiche wilde FKK-Strände. In den frühen 1990er-Jahren kam es zur Rolle rückwärts. Aus Angst, Besucher aus den alten Bundesländer könnten wegen der vielen Nackedeis die sofortige Flucht antreten, schränkten Ostseebäder die Zahl textilfreier Strände ein. Heute hat sich die Sache weitgehend erledigt – der Westbesuch ist nicht so schamhaft wie befürchtet. Auch an gemischten Stränden stört sich kaum noch jemand.

3 Am Plauer See entstand in den 1920er-Jahren das erste FKK-Hotel des Landes.

1928 erwarb der Bauer und FKK-Freund Johannes Müller die Dresenower Mühle am Plauer See und verwandelte das Anwesen in das erste FKK-Hotel des Landes. Er hatte ähnliches schon in Bayern versucht, stieß dort aber auf Widerstand. In Mecklenburg sah man die Sache gelassener. Die „Lichthof Jungmöhl“ genannte Anlage öffnete 1929 und bot unbeschwerte Urlaubstage für bekennende Nudisten. Wenig später begann Müller mit dem Aufbau einer sogenannten Lichtsiedlung. Dazu lud er siedlungswillige Jugendliche ein, die sich hier Häuser bauen sollten. Der Plan für ein ganzjähriges Naturistendorf scheiterte aber.

4 Ein Plan, FKK-Flüge nach Usedom anzubieten, scheiterte.

Für den Juli 2008 kündigte ein Erfurter Reiseunternehmen einen ungewöhnlichen Tagesausflug an. Von Erfurt aus wollte sich ein gechartertes Flugzeug auf den Weg nach Heringsdorf machen. Der Clou: Kurz nach dem Start sollten sich die Passagiere ausziehen und die Reise als FKK-Flug erleben. Lediglich die Stewardessen und die Piloten würden „aus Sicherheitsgründen“ bekleidet bleiben. Selbst aus Neuseeland und Japan kamen Anfragen. Doch die Freiheit über den Wolken war nicht grenzenlos. Es blieb beim Plan. Die Chartergesellschaft hatte moralische Bedenken und zog sich zurück.

5 Nacktbaden war in der DDR für kurze Zeit ausdrücklich verboten.

Am 14. August 1954 hatte DDR-Innenminister Willi Stoph die Faxen dicke. In einem Rundschreiben an alle Volkspolizeistationen des Landes machte der Genosse Minister seine Untergebenen auf eine akute Gefahrenquelle für den friedvollen Aufbau des sozialistischen Vaterlandes aufmerksam: das Nacktbaden. In einer Verordnung erließ er ein allgemeines Nacktbadeverbot an der Ostsee und im Stettiner Haff. Die Folge: Volkspolizisten machten sich auf die Pirsch nach nackten Sonnenanbetern und verhafteten sie. Direkter Anlass für das FKK-Verbot waren die sogenannten „Kamerun"-Feste – vor allem am Prerower Strand. Dort, so berichtete selbst das Hamburger Magazin „Der Spiegel", herrschte aus Sicht der Behörden der „Terror der Nackten gegen die Badehosen- und Bikini-Träger". Weltanschauliche Unterstützung fand Genosse Stoph beim Kollegen Johannes R. Becher. Der Kultusminister erklärte, dass FKK „im Interesse der Ästhetik nicht zu vertreten" sei. Ganz besonders gelte dies für „gewisse Leute, die sich mit ihren deformierten Körpern provokativ zur Schau stellen". Becher forderte die DDR-Bürger auf: „Habt Mitleid! Zeigt Erbarmen! Schont die Augen der Nation!" Becher verdingte sich sogar selbst als Strand-Blockwart. Einer älteren, nackten Frau schleuderte er mit Verve entgegen: „Schämen Sie sich nicht, Sie alte Sau?" Peinlich nur, als sich herausstellte, dass es sich bei der so titulierten Dame um die berühmte Schriftstellerin Anna Seghers handelte. Die rächte sich bei der Verleihung des Nationalpreises: Als Becher seine Laudatio auf die „liebe Anna" begann, herrschte sie ihn an: „Für Dich immer noch die alte Sau!" Nicht zuletzt durch den Protest prominenter FKK-Anhänger fiel das strenge Verbot schon nach zwei Jahren. Die 1956 veröffentlichte „Anordnung zur Regelung des Freibadwesens" erlaubte nun das „Baden ohne Schwimmbekleidung an Orten, zu denen jedermann Zutritt hat, wenn diese Orte als ausdrücklich dafür von den zuständigen örtlichen Räten freigegeben und gekennzeichnet" waren.

Fußball

In Mecklenburg-Vorpommern regiert König Fußball nicht nur wegen Hansa Rostock. Auch abseits des Ostseestadions ist auf dem Rasen, der manchen die Welt bedeutet, ordentlich was los.

1 Jedes Wochenende wird auf den Sportplätzen des Landes kräftig gebolzt.

2008 gab es in M-V 488 Fußballvereine mit 47.898 Mitgliedern. Sie sind in 2.378 Mannschaften organisiert. 912 Junioren- und 1.115 Senioren-Mannschaften stehen im regelmäßigen Turnierbetrieb und bestreiten pro Saison rund 15.000 Punktspiele. Etwa 100 Spieler haben einen Profi-Vertrag.

2 An Pfeifen auf dem grünen Rasen mangelt es in M-V nicht.

In Mecklenburg-Vorpommern sorgen 1.305 vom DFB lizenzierte Schiedsrichter für Recht und Ordnung auf dem Rasen. Ein Unparteiischer pfeift sogar in der 1. Bundesliga. Der Frauenanteil unter den Referees ist ziemlich mau. Gerade einmal 18 Frauen fühlen sich zu Schiris berufen.

3 Seit über 100 Jahren findet Fußball in organisierten Vereinen statt.

Im Dezember 1904 gründete sich der erste Fußballverband des Landes. Zwei Schweriner und ein Wismarer Verein initiierten den „Mecklenburgischen Fußball-Bund“. Wenig später traten auch Rostocker Vereine bei. In der Hansestadt existiert bis heute der älteste Fussballverein des Landes: Der Rostocker FC 1895. Der älteste Sportverein mit Fußballabteilung ist der TSV Friedland 1814. Er ist gleichzeitig der älteste Sportverein Deutschlands.

4 Der Frauenfußballverein Neubrandenburg hat die beste Frauenmannschaft.

Frauenfußball macht auch um Mecklenburg-Vorpommern keinen Bogen mehr. 631 Frauen und Mädchen sind Mitglied in einem Fußballverein und eifern der erfolgreichen Damen-Nationalmannschaft nach. Eine Hochburg ist Neubrandenburg. In den 1970er-Jahren eroberten dort die ersten Frauen den Rasen. Der Lohn: Die Kickerinnen des FFV Neubrandenburg sind heute die besten im Land. Sie kämpften bereits drei Spielzeiten in der 2. Bundesliga.

5 In Schönberg kicken die erfolgreichsten Amateure des Landes.

Der erfolgreichste Amateurfußballverein Mecklenburg-Vorpommerns ist der FC Schönberg. Beim sechsfachen Landespokalsieger (1999–2004) liefen im Rahmen des DFB-Pokals sogar schon Erstligisten wie der HSV, VfB Stuttgart, der FC Bayern München und Borussia Mönchengladbach übern Acker.

6 Die schlimmste Niederlage erlebte ein Wismarer Verein im Jahr 1905.

Der schlechteste mecklenburgische Fußballverein aller Zeiten war der FC Elite 1903 Wismar. Wegen ihres miserablen Könnens benannte sich die Elite-Elf ziemlich schnell in Wismarer SC um. Nach der sagenhaften 0:31 Niederlage gegen den FC Schwerin löste sich der Verein 1905 auf.

Geld & Münzen

Seit 2006 reist das Schweriner Schloss durch Europa. Zumindest symbolisch. Es ist auf 30 Millionen Sonderprägungen der 2-Euro-Münze abgebildet – ein Höhepunkt in der reichen Münzhistorie Mecklenburg-Vorpommerns.

1 Erst im frühen Mittelalter gab es in Mecklenburg eigene Münzen.

Die ältesten bekannten Münzen im Gebiet des heutigen Mecklenburg-Vorpommern wurden um das Jahr 1220 geprägt. Die sogenannten „Brakteaten" sind einfache Blechstücke, in die ein Siegel eingeschlagen wurde. Bei den mecklenburgischen Brakteaten ist das natürlich ein Stierkopf.

2 Städte, die etwas auf sich hielten, erkauften sich das Münzrecht.

Das Recht, Münzen zu prägen, besaßen in Mecklenburg eigentlich nur die Herzöge. Da sie notorisch knapp bei Kasse waren, verkauften sie es aber an Städte. So besaßen unter anderem Wismar, Rostock und Gadebusch eigene Münzen. Auch vorpommersche Städte betrieben Münzen; z.B. Stralsund und Greifswald.

3 Das erste Papiergeld Mecklenburgs war ein verderbliches Gut.

1850 gab die „Rostocker Bank“ mit großherzoglicher Genehmigung das erste Papiergeld Mecklenburg-Schwerins heraus. Die 10, 20, 50 und 100 Talernoten waren jedoch keine Staatsbanknoten, wie sie heute existieren. Vielmehr handelte es sich um Banknoten einer Privatbank. Die Besitzer der Papierscheine hatten sich mit dem Ausgeben zu beeilen, denn das Geld besaß nur eine begrenzte Haltbarkeit. Bis zu einem festgelegten Stichtag musste es zur „Rostocker Bank“ zurückgekehrt sein. Danach galt es als wertlos. Jeweils neue Geldscheine gab es beispielsweise 1862 und 1866. In Mecklenburg-Strelitz dauerte es mit dem Drucken von Papiergeld etwas länger. Als eines der letzten Länder Deutschlands führte der Kleinstaat erst 1866 Papiergeld ein – lediglich sieben Jahre vor Abschaffung der eigenen Währung und Einführung einer reichsweiten Einheitsvaluta. Insgesamt 500.000 Taler lancierte das Land als sogenannte Rentei-Kassen-Scheine. Die Aktion passierte nicht ganz freiwillig. Für den Bau der Eisenbahnlinie Berlin–Neustrelitz–Stralsund wurde dringend Geld benötigt. Da man nicht so viel hatte, entschied man sich, einfach welches zu drucken. Übrigens auf Hanfpapier. Aus Angst vor Fälschungen war aber niemand gezwungen, die neumodischen Scheine anzunehmen.

4 Sich mit alten Münzen der Region auszukennen, verlangt Geduld.

Bis zur Einführung einer reichsweiten Währung – der Mark – im Jahr 1873 herrschte in Deutschland ein wahres Münz-Wirrwarr. Jedes Land hatte seine eigene Währung – die Umrechnung erforderte Geduld. Man unterschied nicht nur nach dem Material, also nach Gold-, Silber- und Kupfermünzen, sondern auch nach Stückelungen und Gewichten, wie Taler, Gulden, Dukaten, Witten, Schillingen, Mark, Pistolen, Sechslingen, Dreilingen, Grän und Loten. Und dieses Potpourri an Varianten ist nur die Auswahl aus Mecklenburg-Schwerin. Mecklenburg-Strelitz besaß eigene Sorten. In Vorpommern als Teil des historischen Pommerns galten immer wieder unterschiedliche Währungen - je nachdem, wer gerade im Land herrschte.

5 In Schwerin gab es während des Ersten Weltkriegs eine Lokalwährung.

Die Fokker-Flugzeug-Werke in Schwerin produzierten während des Ersten Weltkriegs nicht nur Jagdflieger, die zum Beispiel der berühmte „Rote Baron“ Manfred von Richthofen flog, sondern auch eine eigene Währung. Der Anlass war wenig erfreulich: Trotz voller Auftragsbücher wurde die wirtschaftliche Lage des Unternehmens gegen Ende des Krieges immer schlechter. Der Staat zahlte nur sehr schleppend die bestellten Flugzeuge. Das führte zu ungewöhnlichen Maßnahmen wie der Einführung einer Ersatzwährung auf lokaler Ebene. Ab dem 1. April 1917 kam das sogenannte „Fokker-Geld“ in Umlauf. Es war kein öffentliches Zahlungsmittel und galt nur im internen Betriebsverkauf sowie ausgewählten Geschäften der Landeshauptstadt. Mit Kriegsende verlor es seinen Wert.

6 In den 1920er-Jahren entstand in ganz Mecklenburg Reutergeld.

Fritz Reuter (1810–1874) hätte die Weltwirtschaftskrise der 1920er wahrscheinlich gut überstanden: Er hätte einfach mit seinem guten Namen bezahlt. Grund: Während der Inflation gab es in 70 Gemeinden Mecklenburgs sogenanntes „Reutergeld“ – in Anlehnung an den berühmten Schriftsteller und zu seinen Ehren. Die Idee zur Emission kam vom Schweriner Prokuristen Reinhold Wust. Die bunten Geldscheine – gestaltet von fünf regionalen Künstlern – zeigten Stadtansichten und Sinnsprüche örtlicher Honoratioren. So belehrte der Laager Bürgermeister seine Mitbürger: „De Minsch sall dat nich verachten, war em tau Tiden unbequem is, wer weit, wotau heit bruken kann.“ Dort, wo sich kein Bürgermeister zu aphoristischen Höhenflügen aufschwang, zierten

Zitate aus Reuter-Werken die Scheine. Richtig nützlich war das Notgeld nicht. Es kam erst nach Ablauf der Gültigkeit am 31. Mai 1922 auf den Markt und war als Sammelobjekt gedacht. Reutergeld erschien in: Alt-Gaarz, Arendsee, Boizenburg, Boltenhagen, Brüel, Brunshaupten, Bützow, Crivitz, Dargun, Dassow, Bad Doberan, Dömitz, Feldberg, Friedland, Fürstenberg, Gadebusch, Gnoien, Goldberg, Graal, Grabow, Grevesmühlen, Güstrow, Hagenow, Heiligendamm, Bad Kleinen, Klütz, Krakow am See, Kröpelin, Laage, Ludwigslust, Lübtheen, Lübz, Malchin, Malchow, Marlow, Mirow, Müritz, Neubrandenburg, Neubukow, Neuhaus, Neukalen, Neukloster, Neustrelitz, Nienhagen, Parchim, Penzlin, Plau, Rehna, Ribnitz, Röbel, Rostock, Schönberg, Schwaan, Schwerin, Stargard, Stavenhagen, Sternberg, Strelitz, Bad Sülze, Tessin, Teterow, Waren, Warin, Warnemünde, Wesenberg, Wismar, Wittenburg, Woldegk, Wustrow und Zarrentin.

7 Wismar ist heute die einzige Stadt Ostdeutschlands mit eigener Währung.

Im Jahr 2008 führten Wismarer Händler den „Wismar Taler“ ein. Damit ist die Stadt der einzige Ort Ostdeutschlands, der mit eigener Währung punktet. Der Taler hat einen Durchmesser von 40 Millimetern, ist 2,8 Millimeter dick und wiegt 30 Gramm. Auf seiner Vorderseite prangt die Nachbildung einer Wismarer 12-Schilling-Münze von 1612. Gültig ist der Taler nur in rund 50 Innenstadtgeschäften. Gegenwert: 10 Euro. Um den „Wismar Taler“ in Umlauf bringen zu können, mussten viele Bedingungen erfüllt werden. So durfte er keiner existierenden Münze ähneln, um Verwechslungen auszuschließen. Mit dem Erscheinen des Talers endete eine entbehrungsreiche Zeit für die stolze Hansestadt: 135 Jahre mussten die Wismarer ohne eigenes Geld auskommen. Wie furchtbar!

8 In Wismar gab es das seltsamste Geld in der Landesgeschichte.

Eine besonders kuriose Art von Notwährung entstand im Winter 1715/16 in Wismar. Die Hansestadt gehörte damals zum Königreich Schweden und wurde von dänischen, preußischen und hannoveraner Truppen belagert. Die Stadt und ihre Bürger waren vertraglich gezwungen, für den Unterhalt der schwedischen Garnison aufzukommen. Durch die Belagerung kam es schnell zur Geldknappheit. Um ihr zu begegnen, verfielen die Ratsherren auf eine ungewöhnliche Lösung. Neben der Umprägung von Silbermünzen – man verdoppelte einfach ihren Wert, indem man ihnen einen zusätzlichen Prägestempel verpasste – produzierten die Wismarer sogenanntes „Kanonengeld". Ausgangsmaterial waren, wie es der Name andeutet, ausrangierte Kanonen. Sie wurden geschmolzen, zu viereckigen Geldstücken gegossen und mit einem Stempel versehen. Auf diese Art entstanden insgesamt 1.260 Münzen mit Werten von 4 und 8 Schilling, sowie 1, 2, 4 und 8 Mark. Mit einem Gewicht von 6 Kilogramm erreichte die 8-Mark-Münze jedoch eine Größe, die sie nicht gerade für Handtaschen prädestinierte. Selbst die 2-Mark-Münze eignete sich mit 1,5 Kilogramm nur bedingt für die Hosentasche. Noch weit unpraktischer als das Gewicht war jedoch der Herstellungsprozess. Für das Schmelzen der Kanonen benötigten die Wismarer Unmengen an Heizmaterial – in der belagerten Stadt ohnehin ein rares Gut. Mitten im Winter trug man alles Brennbare zusammen, um die Münzen produzieren zu können. Dafür verzichtete man weitgehend aufs Heizen der Wohnung. Als Holz und Kohlen aufgebraucht waren, stellten die Wismarer die Münzproduktion ein und erklärten den restlichen Kanonenschrott ebenfalls zur Währung. Jeder wurde angehalten, sich das Kanonengeld anzuschaffen. Im Gegenzug versprach man den Bürgern für bessere Zeiten einen Rücktausch. Der verzögerte sich aber gewaltig: Die schwedische Besatzungsmacht verweigerte ihn lange.

9 An Geldfälschern fehlte es weder in Pommern noch in Mecklenburg.

Der älteste bekannte Falschgeldskandal des Landes ereignete sich um 1540 in der Stadt Wittenburg. Der Münzmeister Hans Lutz brachte Geldstücke in Umlauf, die einen zu geringen Edelmetallanteil hatten. Damals hatte Geld nicht wie heute einen buchhalterischen Wert, sondern beruhte auf dem exakten Materialwert der Prägung. In großem Stil betrieb der Münzmeister Caspar Rotermund diese Art von Fälschung. Er hatte die Franzburger Münze von Herzog Philipp Julius (1584–1625), dem letzten Herzog Pommern-Wolgasts, gepachtet und prägte in seinem Auftrag. Rotermund verwendete jedoch sehr viel weniger Silber und machte so fast 30 Prozent Gewinn. Immer wieder kamen aus dem ganzen Reich Beschwerden über die zu leichten Münzen – in einigen Regionen wurden sie sogar verboten. Schließlich feuerte Herzog Phillip Julius seinen Münzmeister. Dem machte das nichts aus. Rotermund zog einfach nach Mecklenburg und prägte ab 1615 in Boizenburg falsche 4-Schilling-Stücke, die er in Sachsen vertrieb. Nur vier Jahre später wurde der Wismarer Münzer Simon Lüdemann hingerichtet – auch er betrog durch minderwertige Münzen. Wer glaubt, nur kriminelle Münzmeister betätigten sich als Geldfälscher, irrt. Auch ein echter Herzog ließ fälschen.

Während des Siebenjährigen Krieges (1756–1763) griff der mecklenburgische Herzog Friedrich (1717–1785) zum Trick mit dem geringen Edelmetallanteil. Wegen des Krieges klaffte in der Staatskasse ein großes Loch. Um es zu stopfen, ordnete Friedrich 1758 die Fälschung an. Um seinen Ruf nicht zu gefährden – schließlich schmückte er sich mit dem Beinamen „der Fromme“ – nutzte er einen weiteren Trick. Anstatt sein eigenes Konterfei auf den Münzen abzubilden, ließ er einen alten Stempel mit dem Bild seines Vaters Christian Ludwig II. benutzen. Zudem verwendete man ein falsches Prägedatum: Statt 1758 wurde auf 1754 zurückdatiert.

Häfen

Seit vielen Jahrhunderten sind die Ostseehäfen die „Tore zur Welt“ und ein wichtiger Wirtschaftszweig in Mecklenburg-Vorpommern.

1 Ein Plätzchen für Schiffe findet sich in M-V fast überall.

In Mecklenburg-Vorpommern gibt es 13 Häfen, die von der Berufsschifffahrt genutzt werden. Sie liegen in Wismar, Rostock, Stralsund, Mukran, Greifswald, Vierow, Lubmin, Wolgast, Ueckermünde, Anklam, Demmin, Jarmen und Malchin. Hinzu kommen rund 420 Häfen für Sportschiffer. Sie haben eine Kapazität von etwa 30.000 Liegeplätzen.

2 Richtig schick ankern können Bootseigner in Rostock-Warnemünde.

In Warnemünde liegt Deutschlands einziger 5-Sterne-Yachthafen. Der 2005 eröffnete Komplex „Hohe Düne“ verfügt über 750 Ankerplätze, ein Hotel der Extraklasse mit ausgedehntem Sauna- und Wellnessbereich sowie einem eigenen Hubschrauberlandeplatz. Den können zum Beispiel alle nutzen, die schnell seekrank werden und daher Schiffe prinzipiell meiden.

3 Rostock und Sassnitz sind die wichtigsten Fährorte des Landes.

Von Sassnitz aus geht es nach Trelleborg (Schweden) und Rønne (Dänemark) sowie in das litauische Klaipeda und das russische St. Petersburg. Rostock bietet Verbindungen nach Trelleborg, Helsinki und Ventspils (Lettland). Die Linie Rostock–Gedser ist die älteste deutsche Fährverbindung nach Skandinavien. Ab 1886 bestand eine ganzjährig bediente Postdampferlinie. Am 30. September 1903 ließen Großherzog Friedrich Franz IV. (1882–1945) und der dänische König Christian IX. (1818–1906) eine Eisenbahnfähre gemeinsam in Dienst stellen.

4 M-Vs Güterhäfen profitieren von den „Meeresautobahnen".

Der Rostocker Hafen ist der größte Güterhafen des Landes. Dort werden jährlich rund 28 Millionen Tonnen umgeschlagen. Hinzu kommt die Leistung des Fischereihafens mit zusätzlich 700.000 Tonnen. Auch die anderen Güterhäfen in Wismar, Stralsund, Sassnitz, Greifswald, Wolgast und Ueckermünde profitieren vom zunehmenden Handel im baltischen Raum. Nach dem dramatischen Rückgang des Osthandels Anfang der 1990er-Jahre geht es nun wieder deutlich bergauf.

5 Rostock ist der wichtigste Hafen für Kreuzfahrtschiffe in Deutschland.

Auch wenn die Hamburger oft glauben, sie seien der Nabel der Schifffahrtswelt: In Rostock legen bedeutend mehr Kreuzfahrtschiffe ab und an. Im Jahr 2008 waren es insgesamt 31, die in Warnemünde 116-mal festmachten. In keinem anderen deutschen Hafen gab es eine größere Anzahl von Urlaubern und eine größere Vielfalt an internationalen Reedereien.

6 In Wismar kam der schrecklichste Passagier der Geschichte an Land.

Im August 1921 stiefelte im Wismarer Stadthafen ein ziemlich bleicher Passagier von Bord und versetzte die Hansestadt in Angst und Schrecken. Die Schiffsreise hatte das Ungeheuer in einem Sarg gemacht. Der Name des unheimlichen Reisenden: Nosferatu alias Max Schreck. Er spielte unter der Regie von Friedrich Wilhelm Murnau den ersten Vampir der Filmgeschichte.

Kaufleute

Warenhäuser bestimmen die moderne Einkaufswelt. Was kaum jemand weiß: Viele Kaufhausketten stammen aus M-V.

1 **Der Aufstieg Rudolf Karstadts begann in Mecklenburg.**

Am 14. Mai 1881 eröffnete Rudolf Karstadt (1856–1944) sein erstes „Manufactur-, Confections- und Tuchgeschäft" in Wismar. Es war der Beginn einer faszinierenden Karriere – mit vielen Höhepunkten und einem traurigen Ende. Der Handel war Karstadt quasi in die Wiege gelegt. Sein Vater führte in Grevesmühlen eine Färberei und ein Textilgeschäft. Im Alter von 10 Jahren zog die Familie nach Schwerin, wo der kleine Rudolf zur Schule ging. Nach seiner Ausbildung trat Karstadt in die Fußstapfen seines Vaters und wagte den Sprung in die Selbstständigkeit. Sein Geschäft in Wismar entwickelte sich schnell zu einem Erfolg. Nicht ohne Grund: Karstadt bot beste Waren zum niedrigen Preis. Sein Geheimnis: Er kaufte nicht wie üblich beim Zwischenhändler, sondern direkt beim Produzenten. So kam Karstadt günstig an Produkte und bot sie entsprechend preiswert an. Sein Unternehmen expandierte rapide. Kurze Zeit später eröffnete er sein zweites Geschäft – diesmal in Lübeck. Weitere folgten, unter anderem in Neumünster, Braunschweig, Kiel und Mölln. Im Jahr 1900 übernahm Karstadt schließlich 13 Läden seines Bruders Ernst. Darunter die in Anklam, Dömitz, Greifswald, Güstrow, Ludwigslust und Schwerin. Bereits 1906 gab es 24 Filialen in ganz Norddeutschland.

Mit dieser Marktmacht konnte Karstadt bei den Produzenten noch besser verhandeln. In den 1920er-Jahren ging er sogar einen Schritt weiter: Statt fertige Produkte aufzukaufen, bestellte er Spezialanfertigungen, die nur in seinen Häusern erhältlich waren. 1925 trugen diese Produkte fast 20 Prozent zum Gesamtumsatz bei. Neben dem Ausbau des Sortiments expandierte Karstadt in ganz Deutschland. In vielen Großstädten errichtete er neue, prächtige Warenhäuser. Der gigantischste Konsumtempel eröffnete 1929 am Berliner Hermannplatz. Das architektonische Meisterwerk im Stile amerikanischer Kaufhäuser bot auf neun Etagen eine Verkaufsfläche von 72.000 Quadratmetern, beschäftigte 4.000 Mitarbeiter und verfügte über einen eigenen U-Bahn-Anschluss. Zusätzlich zur Eröffnung neuer Häuser übernahm Karstadt kleinere Kaufhausketten – und verhob sich gewaltig.
Ende der 1920er-Jahre, in der schweren Zeit der Weltwirtschaftskrise, geriet die Firma, mittlerweile das größte deutsche Warenhausunternehmen und eine Aktiengesellschaft, in finanzielle Turbulenzen. Nur mit Krediten amerikanischer Banken konnte 1928 ein Bankrott abgewendet werden. Für Rudolf Karstadt hatte es unmittelbare Konsequenzen. Zunehmend verlor er die Kontrolle über sein Unternehmen und gab schließlich 1931 seinen Aufsichtsratsposten ab. Vergleichsweise mittellos zog er sich in seine Heimat zurück und starb fast vergessen in Schwerin.

2 Georg Wertheim begann seine Karriere in der Hansestadt Stralsund.

Als Sohn eines Kurzwarenhändlers wusste Georg Wertheim (1857–1939) genau, was er nicht wollte: so arbeiten wie sein Vater. Der betrieb in der Stralsunder Innenstadt einen Laden, wie er damals üblich war: klein, unübersichtlich und bunt im Sortiment. Die Kundschaft kam, sah, feilschte – und schrieb an. Das Geschäftsmodell hatte seinen Preis. Durch hohen Lageraufwand für die vielen Waren und mögliche Zahlungsausfälle waren die Kosten hoch und damit auch die Preise. Als Georg Wertheim 1876 den Laden übernahm, machte er einen radikalen Schnitt. Er verkleinerte das Sortiment und erzog seine Kunden: kein Feilschen mehr und Barzahlung. Den Kostenvorteil gab Wertheim an die Kundschaft zurück. Sie konnten sich auf günstige Festpreise verlassen. Wertheims Konzept ging auf. Die Stralsunder stürmten seinen Laden. Schon bald eröffnete er ein neues Geschäft – direkt am Marktplatz –, wenig später expandierte er nach Rostock. 1885 wagte Wertheim schließlich den Sprung nach Berlin. In schneller Folge schuf er große Warenhäuser. Das am Leipziger Platz galt lange als das beste Kontinentaleuropas und Wertheim als ungekrönter Warenhaus-König. Mit der Herrschaft der Nazis kam Wertheims tiefer Fall. Sie verteufelten Warenhäuser als jüdische Erfindung. Wertheim – ein getaufter Jude – wurde sein mühsam erarbeitetes Lebenswerk enteignet.

3 Stralsund ist auch die Heimatstadt des heutigen Kaufhof-Konzerns

Wie Georg Wertheim begann auch Hermann Tietz (1849–1914) seine Kaufmannskarriere in Stralsund. Am 14. August 1879 eröffnete er in der Ossenreyerstraße seinen ersten Laden – in direkter Nachbarschaft zum erfolgreichen Wertheim. Genau wie der bot auch Tietz niedrige Festpreise und ein klares Sortiment. Und er legte noch ein besonderes Bonbon oben auf: Als erster Händler Deutschlands räumte Tietz seinen Kunden ein Umtauschrecht ein. Der PR-Trick funktionierte – der Laden brummte. Genau wie sein Nachbar und Konkurrent begann Leonhard Tietz, bald außerhalb Stralsunds zu expandieren. Als Standort für seinen Warenhauskonzern wählte er das Rhein-Ruhr-Gebiet. Die Region entwickelte sich damals zum industriellen Herzen Deutschlands und versprach aufgrund der vielen Arbeiter ein hohes Potential für preiswerte Händler. 1882 eröffnete Tietz in Wuppertal sein erstes Haus im Westen Deutschlands. Mit Erfolg: Schon bald kamen Warenhäuser in Köln und anderen Metropolen hinzu. Nach dem Tod des Firmengründers übernahm der Sohn die Führung des Unternehmens, das mittlerweile als Aktiengesellschaft strukturiert war. Zum 50-jährigen Jubiläum gab es 43 Waren- und Kaufhäuser. Die NS-Zeit stieß die Familie Tietz ins Unglück. Ihr Konzern wurde im Juli 1933 „arisiert“ und in „Westdeutsche Kaufhof AG“ umbenannt.

Klöster

Mächtige Backsteinkathedralen und geheimnisvolle Ruinen – die Klöster in Mecklenburg-Vorpommern erleben als kulturelle Zeugnisse und spirituelle Rückzugsorte eine Renaissance.

1 Vor etwa 850 Jahren entstanden die ersten Klosterbauten in M-V.

Mit der Eroberung durch Heinrich den Löwen (1130–1195) begann die Christianisierung Mecklenburgs. In deren Schlepptau wurden dort und in Pommern die ersten Klöster gegründet. Zu den Pionieren zählten Stolpe an der Peene (1153), Grobe (1155) und Broda (1170). Die Niederlassungen bestanden meist nicht lange.

2 Sehr viele unterschiedliche Orden versuchten ihr Glück im Nordosten.

Zwischen dem 11. und dem 16. Jahrhundert gab es in Mecklenburg 37, in Vorpommern 16 Klostergründungen. In Mecklenburg gingen die meisten auf das Konto der Zisterzienser (7), Franziskaner (6) und Benediktiner (6), in Vorpommern betätigten sich vor allem die Gemeinschaften der Dominikaner (4) und Zisterzienser (3).

3 Die große Zeit der Klöster endete in M-V mit der Reformation.

Mit Martin Luther und der Reformation begann das langsame Sterben der Klöster in Mecklenburg. In den Augen von Herzog Heinrich V. (1479–1552), der sich als einer der ersten deutschen Fürsten zum reformierten Glauben bekannte, bildeten die Klöster einen Rückzugsort der katholischen Lehre. Diese „Irrlehre" wollte Heinrich in seinem Land nicht länger dulden. Mit der Kirchenordnung von 1552 begann die Säkularisierung, das heißt Verweltlichung beziehungsweise Schließung von Klöstern. Viele wandelte man zu Stiften um; in einige zogen Schulen ein. Als letztes Kloster im heutigen M-V wurde das Johanniterkloster Nemerow säkularisiert. Infolge des Westfälischen Friedens ging es 1648 in das Eigentum des mecklenburgischen Herzogs über.

4 M-Vs Klöster erleben seit der Wende einen zweiten Frühling.

In Mecklenburg-Vorpommern sind rund 30 Klosterstätten erhalten. Nur wenige werden noch zu kirchlichen Zwecken genutzt. Nonnen oder Mönche wohnen nirgendwo. Die kulturhistorisch wertvollen Bauten sind vor allem touristische und kulturelle Attraktionen. Nach der Wende wurden zahlreiche sorgsam restauriert und ziehen nun jährlich rund 1,1 Millionen Besucher an. Viele kommen aber nicht nur, um sich die Anlagen als Klostergedenkstätten anzusehen. In etlichen Einrichtungen zog neues kulturelles Leben ein. So beherbergt das ehemalige Franziskanerkloster und spätere Katharinenstift Rostock die Hochschule für Musik und Theater. In anderen Klöstern, wie beispielsweise in Dargun und Dobbertin, finden während der „Festspiele Mecklenburg-Vorpommern" Klassikkonzerte statt.

5 Das Kloster Eldena wurde zu einer populären Ikone der Romantik.

Dem in Greifswald geborenen und aufgewachsenen Maler Caspar David Friedrich (1774–1840) verdankt die Klosterruine Eldena ihren weltweiten Ruhm – und Friedrich verdankt ihr sein beliebtestes Motiv. In unzähligen Skizzen und Gemälden verewigte er das verfallene Kloster und machte es zu einer Ikone der Romantik. Gestiftet wurde das Kloster im Jahr 1199 durch den Rügenfürsten Jaromar. Bis zur Aufhebung im Jahr 1535 war Eldena ein bedeutender Ort für die Brüder des Zisterzienserordens. Im Dreißigjährigen Krieg wurde die verwaiste Anlage stark beschädigt. 1634 ging sie in den Besitz der Universität Greifswald über. Die Akademiker konnten jedoch mit der halben Ruine nicht so recht etwas anfangen. Sie nutzten sie daher vorwiegend als Steinbruch. Zahlreiche Unibauten der Hansestadt bestehen aus den Backsteinen des früheren Klosters. Der Greifswalder Caspar David Friedrich suchte schon in früher Jugend häufig die Ruine auf und skizzierte sie. Er war von der wildromantischen Atmosphäre fasziniert – eine Begeisterung, die ihn lebenslang nicht losließ. Selbst als Friedrich in Dresden lebte, fertigte er Gemälde über den mythischen Ort an. Geradezu klassisch ist sein Bild der „Klosterruine Eldena im Riesengebirge“. In diesem Paradebeispiel der Romantik verfrachtete er sein Lieblingsmotiv mitten in die fernen Berge. Eine Folge der Popularisierung Eldenas durch Caspar David Friedrich waren Rekonstruktionsarbeiten zwischen 1828 und 1832 sowie 1843. Dabei baute man die Anlange nicht etwa wieder auf, sondern konservierte den Ruinen-Look – eingebettet in einen Landschaftsgarten.

6 Das Doberaner Kloster gilt als das bedeutendste des Landes.

Obwohl es nicht mehr in allen Teilen vollständig erhalten ist, beeindruckt das ehemalige Zisterzienserkloster in Bad Doberan seine Besucher. Auf zwei Quadratkilometern Fläche erstrecken sich monumentale Backsteinbauten wie das Münster und das ehemalige Wirtschaftshaus. Eingeschlossen wird das Gelände samt englischem Landschaftspark von einer 1,4 Kilometer langen Klostermauer aus Backstein. Sie ist über 730 Jahre alt und fast durchgängig im Originalzustand erhalten. Die Innenausstattung des Doberaner Münsters gilt als die am besten erhaltene eines Zisterzienserklosters. Die liturgischen Gegenstände und die künstlerische Ausgestaltung der Kirche beurteilen Experten durchweg als von höchster künstlerischer Qualität und als unvergleichliche Kulturschätze. Beispielsweise ist der Hochaltar, der um 1300 entstand, der älteste Flügelaltar der Welt. Die Ursprünge der Doberaner Anlagen gehen auf Pribislaw, den ersten mecklenburgischen Fürsten, zurück. Er stiftete das älteste Kloster des Landes als Teil der Vereinbarung über sein Lehen mit Heinrich dem Löwen. Am 1. März 1171 zogen ein Abt und 11 Mönche in das Doberaner Domizil. Doch lange existierte es nicht. Nach Pribislaws Tod kam es zu Ausschreitungen, bei denen alle Klosterbrüder ums Leben kamen und die ursprünglichen Anlagen zerstört wurden. 1186 von Nikolaus von Rostock neu gegründet, entwickelte sich der Komplex zum politischen und religiösen Mittelpunkt Mecklenburgs. Mit der Grablegung von Pribislaw begann die Tradition, hier die Landesfürsten und ihre Frauen zu bestatten. Im Münster fanden unter anderem Margarethe von Dänemark, Albrecht von Schweden und Friedrich Franz I. ihre letzte Ruhestätte.

Kulinarisches

Die mecklenburgische und pommersche Küche ist betont bodenständig und teilweise in Vergessenheit geraten. Statt Pizza, Curry und Burgern aß man früher einfache, aber leckere Sachen.

1 Die mecklenburgische und pommersche Küche neigt nicht zu Experimenten.

Die Regionalküche in M-V prägten lange drei Dinge: Armut, Fischreichtum und wenig Experimentierfreude. „Wat de Buer nich kennt, dat freet he nich" („Was der Bauer nicht kennt, das isst er nicht") drückt ziemlich genau die kulinarische Bodenständigkeit aus. Auf den Tisch kam vor allem schwere Kost. Neben Kartoffeln mit Kartoffeln gab's vor allem Kartoffeln mit Kartoffeln. Für Abwechslung sorgte lediglich Fisch aus den Binnenseen und der Ostsee. Nur an besonderen Feiertagen konnten sich die meisten die als typisch geltenden Gerichte wie Gefüllten Gänsebraten leisten. Heute sieht die Situation anders aus. Nachdem die der DDR eigene Küche zunehmend von den Speisekarten verschwindet und der Nachwende-Hunger auf Fastfood gestillt ist, besinnt man sich wieder auf traditionelle Gerichte und genießt Produkte aus der Region.

2 Mecklenburger Gänsebraten ist überregional bekannt und beliebt.

Die Wörter „Gänsebraten“ und „Mecklenburger“ gehören so eng zusammen wie „Marianne“ zu ihrem „Michael“. Für das besondere Festtagsessen säubert man eine Gans und stopft sie im Inneren großzügig mit Backpflaumen, Äpfeln und Rosinen aus. Dann kommt das Federvieh in den Ofen, wird ein paar Stunden gebacken – Schöpfen nicht vergessen! – und fertig ist der Schmaus. Nun einfach die Gans tranchieren, den Gästen servieren und sich zur huldvollen Annahme von Komplimenten bereithalten.

3 Gefüllter Rippenbraten funktioniert im Prinzip wie Gefüllter Gänsebraten.

Das Erfolgsrezept vom „Mecklenburger Gänsebraten“ wird vom „Gefüllten Rippenbraten Mecklenburger Art“ schamlos kopiert. Statt einer Gans füllt man Schweinerippen mit der Backpflaumen-Äpfel-Rosinen-Mischung. Dringend empfiehlt sich auch hier nach dem Servieren auf die Entgegennahme von Lobeshymnen vorbereitet zu sein. Besonders ratsam ist lässiges Abwinken mit der rechten Hand und der betont locker vorgebrachte Satz: „Ach?! Das war ganz einfach und hat gar nicht sooo viel Arbeit gemacht!“

4 In „Himmel und Erde“ würden sich einige am liebsten reinlegen.

„Himmel und Erde“ ist der Klassiker der norddeutschen Küche schlechthin und somit auch in Mecklenburg und Vorpommern weit verbreitet. Äpel (Äpfel) als Symbol für den Himmel und Tüften (Kartoffeln) als Symbol für die Erde werden getrennt gekocht, dann zusammengemixt und zermatscht, bis ein dicker Brei entsteht. Der kommt auf den Teller und wird traditionell mit einer ordentlichen Portion Blutwurst dekoriert.

5 „Wrucken-Eintopf“ feiert seit einiger Zeit ein Comeback.

Spätestens seit Lebensmitteldiscounter wieder Steckrüben im Sortiment haben, gilt das alte Gemüse als rehabilitiert. Lediglich ältere Semester mit bitteren Kriegserfahrungen werden mit der leicht süßlichen Rübe nicht mehr warm. Für einen leckeren Eintopf schnippelt man die Rübe und Suppengemüse (Sellerie, Porree, Möhren) klein, kocht alles in Wasser, bis das Gemüse noch knapp bissfest ist, und verfeinert es mit frischer Petersilie.

6 Beim „Kloppschinken“ schlagen nicht nur Köche richtig zu.

„Kloppschinken“ – auf hochdeutsch „Klopfschinken“ – galt bei der ärmeren Landbevölkerung als Sonntagsessen. Dafür schneidet man vier bis sechs Zentimeter dicke Schinkenscheiben ab und badet sie ein paar Stunden in mit Muskat gewürzter Milch. Dadurch wird dem Schinken das Salz entzogen. Anschließend geht das große Kloppen los – die Scheiben werden platt gehauen, um sie sodann ausgiebig in einer Panade aus Mehl, Ei und Bier zu wälzen und in der Pfanne zu braten. Zum Kloppschinken reicht man in Mecklenburg noch heute besonders gerne frischen Spargel.

7 Pommerscher Tollatsch ist nichts für vegetarische Suppenkasper.

Der Schriftsteller Hans Fallada (1893–1947) war bekennender Feinschmecker und liebte „Pommerschern Tollatsch“. Er schrieb sogar eine Kurzgeschichte mit dem Titel „Das Wunder des Tollatsch“. Für Vegetarier ist das traditionelle Schlachtfestgericht jedoch nur bedingt geeignet. Ein Blick auf die Zutatenliste verrät warum: Neben Mehl, Zucker, Lebkuchengewürz, Semmelbröseln, Mandeln und Rosinen – soweit geht ja noch alles in Ordnung – sind Griebenschmalz und Schweineblut die Hauptzutaten. Alles wird zusammengematscht und in einer Fleischbrühe zu einer Art Wurst gekocht.

8 **Ohne Hering läuft in M-Vs Küche nicht viel. Zahlreiche Kreationen bereichern den regionalen Speisezettel.**

Seit Jahrhunderten ist Hering nicht von den Speiseplänen der mecklenburgischen und pommerschen Küche wegzudenken. Das „Silber der Ostsee“ war lange in rauen Mengen vorhanden. Bis heute ist Hering – trotz zurückgehender Fangerträge – so etwas wie der Brotfisch der Ostseefischer. Hauptfangsaison sind die Monate April und Mai. Witterungsbedingt kann es auch schon im Januar und Februar losgehen. Zu diesem Zeitpunkt kommen riesige Heringsschwärme zum Laichen in die küstennahen Gewässer und gehen dort ins Netz.

Grüner Hering
Als Grünen Hering bezeichnet man fangfrischen Hering, der noch nicht weiterverarbeitet ist. In M-V bereitet man ihn ganz klassisch zu: Nach dem Ausnehmen wird er kurz in Mehl gewälzt, gesalzen und zusammen mit einem Stück Butter in einer Pfanne gebraten.

Brathering
Um frischen Hering länger haltbar zu machen, ersannen findige Heringsfreunde den Brathering. Er wird zunächst wie „Grüner Hering“ zubereitet, jedoch nicht sofort verputzt, sondern in eine Marinade aus Essig, Wasser, Salz, Zucker, Zwiebeln, Lorbeerblättern und Senfkörnern verfrachtet. Darin zieht er einige Tage durch, bis er sich in Gesellschaft von Bratkartoffeln auf einem Speiseteller einfindet.

Salzhering
Im Mittelalter stellte Salzhering das Grundnahrungsmittel schlechthin dar: Er war spottbillig und bestimmt keine Delikatesse. Besonders als Essen in der Fastenzeit zeigte er einen großartigen Vorzug: Den meisten verging schon beim Geruch der Appetit. Dabei haben Salzheringe einen unschlagbaren Vorteil: Sie sind auch ohne Kühlschrank lange haltbar. Traditionell werden Salzheringe bereits an Bord des Fangschiffes filetiert und in eine Tonne mit Salzlake geworfen. Dort überdauern sie einige Monate, bis sich jemand erbarmt, sie zu verspeisen. Unter dem Namen „Matjes“ erfahren Salzheringe mehr Verständnis. Die holländische Spezialität wird zwar in der Regel etwas sorgfältiger zubereitet als der gemeine Salzhering, doch einen Grund, die Kiemen höher zu tragen, gibt es eigentlich nicht! Seine niedere Herkunft kann Matjes nicht leugnen.

Bismarck-Hering
Der Stralsunder Kaufmannsgattin Karoline Wiechmann glückte 1871 ein besonders guter eingelegter saurer Hering. Ihr Mann Johann war davon so begeistert, dass er gleich an zweithöchster Stelle Bescheid gab. Er schickte seinem Politidol Otto von Bismarck eine Tonne der Köstlichkeit. Seine

Exzellenz, der Reichskanzler, zeigte sich dankesbrieflich angetan und riskierte so eine erneute Lieferung. Diesmal lag dem Geschenk eine Bitte bei. Johannes Kaufmann bat um Erlaubnis, die Erfindung seiner Frau unter dem Namen „Bismarck-Hering“ verkaufen zu dürfen. Der Eiserne Kanzler hatte nichts dagegen einzuwenden – seitdem gibt es den konservativen Politfisch.

Hering in Aspik
Beim Hering in Aspik handelt es sich um eine Weiterverarbeitung des Bismarck-Herings. Zusammen mit einem Stück Gewürzgurke, gekochten Ei-Scheiben und Möhrenschnipseln kommt er in eine Gelantine-Essig-Brühe. Wenn die erkaltet, lässt sich das Aspik auf einer Scheibe Schwarzbrot genießen.

Fischbüchsen-Hering
Heringsfilet in Tomatensoße ist ein Klassiker auf M-Vs Abendbrottischen. Die Zubereitung ist denkbar einfach: Im Supermarkt seines Vertrauens erwirbt man käuflich eine Fischbüchse („Made in M-V“), zieht hernach kraftvoll an der Metall-Lasche und schmiert den Büchseninhalt auf eine Scheibe Mecklenburger Landbrot. Fertig!

Experimental-Hering
Auf den Usedomer Heringswochen werden sie in jedem Jahr sehnsüchtig erwartet: Die neuesten Kreationen der Inselköche in Sachen Hering. Vom „Herings Torre Isola Bella“ über „Tartar vom Ostsee-Matjes mit Granatapfelkernen in der Tonkabohne-Tomate“ hin zu Heringspralinen und Carpaccio vom Hering – die Usedomer schrecken in Sachen Hering vor nichts zurück.

Wie der Hering König wurde und die Scholle zum schiefen Maul kam

Mecklenburgisches Volksmärchen

„Es war einmal vor langer Zeit, da wurden sich die Fische gewahr, daß alle Lebewesen einen König hatten. Also begehrten auch sie einen. Wie trefflich wäre es, wenn Einer unter uns Recht und Gerechtigkeit übte in diesem kalten Wasserreiche! Gewiß: Der wäre der Krone am würdigsten, der am schnellsten die Fluten durchstreichen und dem Schwachen Hilfe bringen könnte. „Ja, der schnellste Schwimmer soll König sein“, riefen alle. Man stellte sich am Ufer auf, und so mancher sah sich schon nach einer bunten Muschel um, die ihm statt Krone dienen könnte. Da gab der Hecht mit dem Schwanze das Zeichen und alle brachen auf, die Herrschaft zu erschwimmen. Pfeilschnell schoß dahin der Hecht, der Hering, der Gründling, der Barsch und die Karpfe. Auch die Scholle schwamm mit. „Der Hering ist vor! Der Hering ist vor!“ hieß es bald. „Wen is vör?“ fragte verdrießlich die platte Scholle, die weit zurückgeblieben war. „Der Hering! Der Hering!“ war die Antwort. „De nakte Hiering?“ rief voll Mißgunst die Scholle. De nakte Hiering? Seit dieser Zeit steht das Maul der Scholle für immer schief. So straft sich Mißgunst.

Leuchttürme

1978 quittierte der letzte Leuchtturmwärter M-Vs seinen Dienst in Warnemünde und ging in Rente. Seitdem regelt Technik den verantwortungsvollen Job. Dafür erklimmen tausende Touristen und Fans die nostalgischen Wahrzeichen.

1 Knapp drei Dutzend Leuchttürme sorgen für Überblick an M-Vs Küste.

An Mecklenburg-Vorpommerns Ostseeküste reihen sich 34 aktive Leuchtfeuer wie eine Perlenkette aneinander. Der westlichste Turm des Landes steht in Timmendorf auf der Insel Poel. Seit 1931 lotst er in seiner heutigen Form die Seeleute sicher an den Untiefen „Hannibal“ und „Lieps“ und den Inseln Poel und Walfisch vorbei. Der östlichste Leuchtturm steht in Ueckermünde-Westmole. Er sorgt für Sicherheit im Stettiner Haff und ist zugleich einer der neuesten Türme in M-V. Im Jahr 2000 errichtet, ersetzt der 11 Meter hohe Mast einen früheren Leuchtturm aus Holz.

2 Das Kap Arkona ist der einzige Ort an der Ostsee mit zwei Leuchttürmen.

Mit Karl Friedrich Schinkel kann der kleinere Turm von beiden sogar einen richtig berühmten Architekten vorweisen. Der preußische Star-Baumeister, der viele bekannte Bauten in Berlin errichtete, entwarf den 1828 in Betrieb genommenen und 22,5 Meter hohen Backsteinturm. Mit einem stolzen Alter von über 180 Jahren ist der Turm der älteste in M-V. Seine Aussichtsplattform erreicht man bis heute über die original erhaltene, gusseiserne Treppe. 1905 wurde Schinkels Turm außer Betrieb gestellt. Seitdem versieht sein direkt neben ihm errichteter Nachfolger seinen Dienst.

3 Der höchste Leuchtturm des Landes ist nicht einmal der größte.

Der Leuchtturm Bastorf in der Nähe von Kühlungsborn ist der höchste Leuchtturm des Landes und der zweithöchste Deutschlands. Steht man jedoch direkt vor ihm, sieht er mit seinen knapp 21 Metern Bauhöhe ziemlich lütt aus. Das Geheimnis des Zwerges, der sich zum Riesen aufschwingt: Er steht auf einem Berg und leuchtet deshalb aus 100 Metern Höhe herab.

4 Der Leuchtturm Dornbusch auf Hiddensee ist ein bekannter Fernsehstar.

Jeden Abend kurz vor 20 Uhr ist er im NDR-Nordmagazin zu sehen: der Leuchtturm Dornbusch auf der Insel Hiddensee. Auch die Zuschauer der ARD bekommen ihn regelmäßig zu Gesicht. Grund: Am Leuchtturm hat der bekannte Wetterfrosch Jörg Kachelmann ein Studio eingerichtet. Zusammen mit seinen Kollegen „machen" sie dort das Wetter nicht nur für M-V.

5 Der Leuchtturm auf der Greifswalder Oie ist ein krasser Aussenseiter.

Warum ausnahmslos alle Leuchttürme an der Ostsee im Uhrzeigersinn leuchten, ist für Laien nicht völlig nachvollziehbar. Noch weniger verständlich ist aber, warum der Turm auf der Greifswalder Oie als einziger sein Licht genau entgegengesetzt zu drehen beliebt. Vielleicht tanzt er aus der Reihe, weil er der hellste an der ganzen Küste ist und dezent darauf hinweisen möchte, dass seine über 50 Kilometer weit scheinende 2.000-Watt-Birne eine unglaublich hohe Stromrechnung fabriziert?

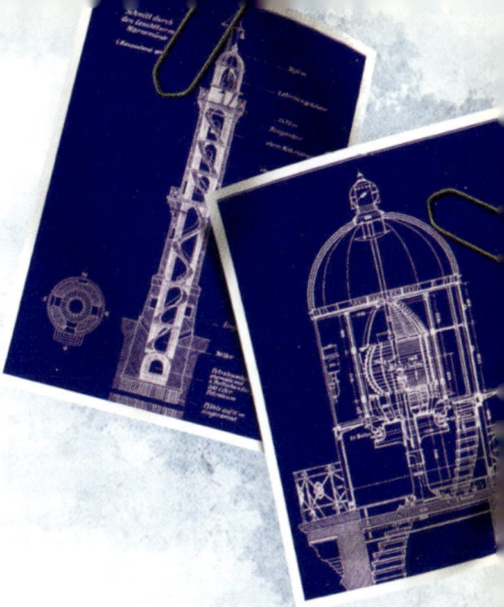

6 Bevor man Leuchttürme an M-Vs Küste baute, lebten Seeleute gefährlich.

In der Nacht, besonders bei Regen und Nebel, sind Leuchttürme überlebenswichtig. Bevor die ersten errichtet wurden, half man sich auf bedrohliche Art und Weise. An gefährlichen Küstenpunkten stellte man Kanonen auf und feuerte sie bei Nebel regelmäßig ab. Durch das akustische Signal orteten die Seeleute die Küste und umfuhren sie – sofern sie nicht getroffen wurden.

7 Über den Warnemünder Leuchtturm stritten sich die Mecklenburger lange.

Der Warnemünder Leuchtturm, heute ein Wahrzeichen des Seebades und der Hansestadt Rostock, wäre beinahe nie errichtet worden. 1863 genehmigte die Stadt Rostock den Bau eines modernen Leuchtzeichens, um die Hafeneinfahrt abzusichern. Doch dann passierte erst einmal nichts. 33 Jahre stritten sich Landräte, Landmarschälle, Ritter, die Rostocker, der Großherzog in Schwerin und die Mecklenburgische Eisenbahn, wer den Turm bezahlen sollte. 1896 einigten sich die Kontrahenten und der Bau begann.

Ortsnamen

Dummerstorf, Dümmer Stück, Kummer und Sülze – die Reihe merkwürdiger Ortsnamen in M-V lässt sich problemlos fortsetzen. Zum Beispiel mit Groß Klein, Klein Krams und Troja.

1 **„Rom" liegt nicht nur in Italien, sondern auch im Landkreis Parchim.**

Das kleine Straßendorf mit dem großen Namen liegt zwischen Lübz und Parchim. Alte Urkunden belegen, dass die Siedlung bereits seit 1310 so heißt. Der Legende nach gründete eine Pilgerschar den Ort. Sie kam gerade aus der Heiligen Stadt zurück, der Platz gefiel ihr und sie ließ sich nieder. Um sich die Erinnerung an Italien zu bewahren, nannte sie ihr Dorf „Rom".

2 **„Aalbude" ist ein Ortsteil von Demmin und liegt am Kummerower See.**

Der Ort „Aalbude" liegt direkt am Ausfluss der Peene aus dem Kummerower See. Der Name taucht erstmals in einer schwedischen Landkarte aus dem Jahr 1697 auf. Grund für die seltsame Bezeichnung: Hier befand sich der Fischereihof des Darguner Zisterzienserklosters. Schon im 13. Jahrhundert errichteten die Mönche an dieser Stelle nachweislich ein Aalwehr.

3 „Zwölf Apostel“ ist ein Stadteil von Wittenburg und war erst ein Spitzname.

Das Dorf „Zwölf Apostel“ ist ein vergleichsweise junger Ort. Es wurde erst 1929 gegründet. Zuvor stand an dieser Stelle ein Gutshof. Im Rahmen der Siedlerbewegung wurde er in 12 Höfe geteilt und an 12 Siedlerfamilien aus Westfalen verkauft. Die Neuankömmlinge waren nicht nur katholisch – eine Seltenheit im protestantischen Norden –, sondern auch besonders gläubig. Die Einheimischen nannten sie daher spöttisch „12 Apostel“. Mit der Zeit wurde der Spitzname zum offiziellen Dorfnamen.

4 „Mückenfang“ ist eine Gemeinde im Landkreis Nordwestmecklenburg.

Der Ortsname von „Mückenfang“ verweist nicht auf ein seltsames Hobby der Einwohner. Vielmehr gilt es als wahrscheinlich, dass er sich von einer Pflanze ableitet, die dort häufig zu finden ist: Die „Silene armeria“ – zu deutsch „Nelken-Leimkraut“ oder „Mückenfang“ – hat unter den Knoten des Stängels Klebringe, in denen oft Mücken hängenbleiben.

5 **„Siehdichum" ist ein Ortsteil von Penzlin im Landkreis Müritz.**

Um 1800 hieß der Ort noch „Vorwerder" und gehörte dem Gutsbesitzer Joseph von Maltzahn. Der örtlichen Überlieferung nach ritt von Maltzahn eines Tages mit seinem Sohn aus, um ihm das Familieneigentum zu zeigen. Von einem Hügel herab wies er mit weit ausholender Geste in die Gegend und sagte zu seinem Erben: „Kiek di üm. Dat is allens mal dien!" („Sieh Dich um, das wird alles mal Deins sein.") Aus der herrschaftlichen Geste wurde schließlich „Siehdichum".

6 **„Fräulein-Steinfort" lebte tatsächlich im Landkreis Nordwestmecklenburg.**

Der Ortsname „Fräulein-Steinfort" setzt sich aus zwei Teilen zusammen: „Steinfort" leitet sich von einer Steinfurt ab – einem Übergang über das nahe gelegene Flüsschen Stepenitz. Das „Fräulein" geht auf ein echtes Fräulein zurück. Um 1800 vererbte ein Gutsbesitzer sein Haus an eine unverheiratete Tochter. Ihr ganzes Leben wartete die Dame in der mecklenburgischen Abgeschiedenheit auf den richtigen Mann. Vergeblich! Sie starb als alte Jungfer. Netter ausgedrückt: als Fräulein.

7 **„Findenwirunshier" ist eine Insel in Neu Kaliß im Landkreis Ludwigslust.**

Die Insel „Findenwirunshier" entstand durch die Anlage des Müritz-Elde-Kanals. Sie liegt in Neu Kaliß zwischen dem neuen Kanal und der alten Elde. Der volkstümlichen Überlieferung zufolge trafen sich auf ihr zwei Brüder wieder. Nach langen Jahren der Wanderschaft als Müllerburschen grüßten sie sich mit: „Oh, finden wir uns hier!" Seitdem heißt der Ort so – angeblich. Wahrscheinlicher ist, dass der Name eine Verballhornung des alten slawischen Namens „Vinzire" ist.

8 **„Nutteln" im Landkreis Parchim ist moralisch gesehen sauber.**

Idyllisch im Warnowdurchbruchstal gelegen, erinnert der Ortsname von „Nutteln" an Unzüchtiges. Doch mit „Nutteln" ist keine Nebenerwerbstätigkeit der örtlichen Landfrauengruppe gemeint. „Nutteln" leitet sich vielmehr vom slawischen Wort „Nutloh" ab. Übersetzt bedeutet das „Nussort" und verweist auf vorhandene Nussbäume.

9 **In Ostvorpommern leben Leute in „Alt-Ungnade" und „Neu-Ungnade".**

Seit 1357 lebt man im Dorf „Alt-Ungnade" in misslichen Verhältnissen. Der Flecken gehörte ursprünglich zum Besitz des Klosters Eldena und ging später in das Eigentum der Uni Greifswald über. Gleich in der Nachbarschaft verharren weitere Menschen in „Neu-Ungnade". Die Namen stammen nicht von einem Fluch der Mönche gegen die Bewohner, sondern aus dem Mittelhochdeutschen und bedeuten „Mühsal, Ungunst, trostloser Zustand". Ein Hinweis auf das schwere Leben vor Ort.

Plattdeutsch

Wer weiß, was „Dicktüfften“ und eine „Püsterolsch“ sind, kann von sich behaupten: „Ick verstah Platt“. Dem Rest sei verraten: Dicktüfften sind nicht ansteckend, sondern Stampfkartoffeln. Und eine Püsterolsch ist kein weiches Sofa, sondern eine Heilpraktikerin.

1 **Die Zahl der Plattsnacker liegt in M-V über dem norddeutschen Schnitt.**

57 Prozent der Mecklenburger und Vorpommern verstehen Plattdeutsch. 19 Prozent sprechen es sogar gut oder sehr gut. Damit liegt das Land deutlich über dem norddeutschen Durchschnitt von 12,8 Prozent. Auch in Schulen gewinnt Platt wieder an Bedeutung. In jeder zweiten werden in M-V mittlerweile Platt-Kurse angeboten.

2 **Niederdeutsch ist in Mecklenburg-Vorpommern offizielle Amtssprache.**

Einen Widerspruch gegen Falschparkknöllchen auf plattdeutsch einzureichen, ist problemlos möglich. Seit der 1998 in Kraft getretenen Europäischen Charta der Regional- oder Minderheitensprachen ist jede Behörde verpflichtet, Briefe in Niederdeutsch zu akzeptieren. Die Antwort kann aber auf Hochdeutsch kommen.

3 Plattdeutsch kann man schreiben, wie man will – es gibt kaum Regeln.

Plattdeutsch ist vor allem eine Umgangssprache und wurde lange nicht einheitlich geschrieben. Offizielle Dokumente fasste man meist auf Latein, später in Hochdeutsch ab. Erst im 19. Jahrhundert begannen Schriftsteller in Niederdeutsch zu schreiben. Deshalb gibt es keine historisch verbindliche Rechtschreibung. Für alle, die Rechtschreibung und Grammatik in der Schule nicht mochten, bietet Platt einen weiteren Vorteil: Die Grammatik ist simpel. So gibt es nur zwei Geschlechter: sächlich und geschlechtlich. Es heißt zum Beispiel „de Mann", „de Fru" und „dat Kind". Trotz der Einfach- und Regellosigkeit kann man heute ein „Mecklenburgisches Wörterbuch" nutzen. Am „Pommerschen Wörterbuch" wird noch gearbeitet.

4 Die Landesverfassung von Mecklenburg-Vorpommern gibt es auch „op Platt".

Seit 1994 gibt es die „Verfatung von dat Land Mäkelborg-Vörpommern". Damit war M-V das erste Bundesland mit einer offiziellen, übersetzten Verfassung „op Platt". Im Artikel 16 nimmt sie ausdrücklich Bezug auf die Regionalsprache: „Dat Land steiht för de plattdütsche Sprak un bringt ehr Pläg vöran." Prominente Fürsprecher waren der damalige Landtagspräsident Rainer Prachtel (CDU) und der langjährige Ministerpräsident Harald Ringstorff (SPD). Letzterer ließ in offiziellen Reden gerne ein paar Sätze Platt einfließen und sich mit seinem Herzensbekenntnis zitieren: „Plattdütsch gifft dat Läben hier en ganz besünnern Dreih." In Rechtsstreitigkeiten gilt trotz allem: „De hochdüütsche Verfatung is un blifft dat Recht, wat gellt."

5 Der Begriff „plattdeutsch“ fiel erstmals in einem holländischen Buch.

Die Charakterisierung des Niederdeutschen als „Plattdeutsch“ tauchte erstmals im Titel einer Ausgabe des Neuen Testamentes auf, die 1524 im holländischen Delft gedruckt wurde. Darin heißt es, das Buch sei „met groter naerstichheyt overgeset ende gheprent in goede platten Duytsche“. „Platt“ meint dabei nicht etwa flach, sondern klar, deutlich und für jedermann verständlich. Das ausgerechnet in Holland das erste plattdeutsche Buch gedruckt wurde, ist nicht so überraschend, wie es scheint. Damals gab es noch keine so starke Trennung zwischen dem Deutschen und dem Niederländischen wie heute. Überhaupt: Niederländisch und Niederdeutsch sind immer noch sehr eng verwandt. Beide Sprachen teilen sich einen ähnlichen Grundwortschatz und besitzen vergleichbare Grammatiken.

6 Niederdeutsch war in der Hansezeit die gemeinsame Sprache der Kaufleute.

Vom 14. bis 16. Jahrhundert diente Plattdeutsch als Lingua franca der Hanse. Jeder Kaufmann des nordeuropäischen Handelsbundes sprach und verstand „mittelniederdeutsch“. Wegen ihrer Vormachtstellung innerhalb der Hanse war vor allem das Platt der Lübecker Kaufleute weit verbreitet. In ihm wurden mündliche Verhandlungen geführt und schriftliche Verträge geschlossen. In vielen europäischen Archiven haben plattdeutsche Dokumente die Zeiten überdauert – ausgestellt von London bis Nowgorod. Als vorherrschende Sprache im baltischen Raum beeinflusste das Niederdeutsche entstehende nordeuropäische Sprachen wie das Dänische und Schwedische. Als Transmittersprache – um zwischen zwei anderen Sprachen zu vermitteln – bediente man sich ebenfalls des Niederdeutschen. So existiert in der Königlichen Bibliothek von Kopenhagen ein handschriftliches plattdeutsch-russisches Gesprächswörterbuch von 1607 – geschrieben von einem Lübecker.

7 Plattdeutsch wird in aller Welt gesprochen und ist dennoch zurückgeblieben.

Mecklenburg-Vorpommern ist nicht das einzige Bundesland, in dem Niederdeutsch gesprochen wird. In Schleswig-Holstein, Niedersachsen, Hamburg, Bremen und Teilen von Brandenburg, Nordrhein-Westfalen und Sachsen-Anhalt „snackt man ok op platt". In den Regionen gibt es jedoch unterschiedliche Ausformungen. So klassifiziert die moderne Sprachwissenschaft das Platt in M-V als „Mecklenburgisch-Vorpommersch" – ein Begriff, mit dem die berühmtesten plattdeutschen Schriftsteller Fritz Reuter und John Brinckman – beides Mecklenburger – ganz sicher nichts hätten anfangen können. Fast verloren gegangen sind die Dialekte der ehemaligen deutschen Gebiete im heutigen Polen, wie das niederpreußische Platt. Reste davon überlebten im sogenannten „Plautdietschen". Es wird von den Nachkommen ausgewanderter Norddeutscher gesprochen, die ihr Glück zunächst in den Weiten Russlands suchten und später nach Kanada, Mexiko und die USA emigrierten. Bei den Internationalen Filmfestspielen in Cannes kam im Jahr 2007 der erste plautdietsche Film zur Premiere. Der französisch-niederländische Streifen „Stellet Licht" wurde im Umland der nordmexikanischen Metropole Cuauhtémoc von einem mexikanischen Regisseur gedreht. Die Dialoge des Films sind komplett im „plautdietschen" Dialekt gehalten. Neben diesen Ländern gibt es auch in Brasilien, Paraguay und Südafrika Plattsnacker-Gemeinschaften. Weltweit sprechen oder verstehen es damit rund 8 Millionen Menschen. Obwohl die Sprache so weit verbreitet ist, hat sie ein echtes Problem: Sie ist im Prinzip eine tote Sprache wie Latein, denn den technischen und gesellschaftlichen Wandel macht sie seit über 100 Jahren nicht mehr mit. Es fehlen ihr einfach die Worte.

Revolutionen

Kaum ein Buch über M-V verzichtet auf den angeblichen Bismarck-Spruch: „Wenn die Welt untergeht, gehe ich nach Mecklenburg, denn da passiert alles 100 Jahre später". Mit der Erwähnung des Zitates ist nun auch in diesem Werk der Pflicht Genüge getan. (Aber in Sachen Revolution stimmt's ja.)

1 In Bützow fand die erste geglückte Revolution der Landesgeschichte statt.

Revolutionen und damit Revolutionäre sind in der mecklenburgischen und pommerschen Geschichte recht übersichtlich gesät. Nur drei versuchte und gelungene Revolutionen in 1.000 Jahren sind alles andere als rekordverdächtig. Zwar gingen im Herbst 1989 auch die Menschen im Nordosten auf die Straße und trugen ihren Teil zur friedlichen Revolution in der DDR bei, das Zentrum der Erhebung lag jedoch eindeutig im Süden der Republik. Neben diesem geglückten Aufstand stehen nur die Novemberrevolution von 1918 und der „Bützower Gänsekrieg" in M-Vs Umsturz-Annalen. Letzterer war

2 Georg Adolf Demmler war im doppelten Sinn ein Revoluzzer.

Gleich in zwei Beziehungen war Georg Adolf Demmler (1804–1886) ein Revolutionär: als Architekt und Politiker. Wie kein anderer Baumeister prägt er bis heute das Aussehen der Landeshauptstadt Schwerin. Viele Bauwerke wie die Staatskanzlei, das Rathaus, das Arsenal, der Marstall und die Neugestaltung des Pfaffenteiches katapultierten das alte Schwerin architektonisch in die Neuzeit. Demmlers größtes Projekt war zweifelsfrei der Um- und Neubau des Schlosses. Es gilt als eines der bedeutendsten Werke des Historismus. Demmler betreute den Bau aber nicht bis zur Fertigstellung. Grund: seine revolutionäre Ader. Der liberal gesinnte Freimaurer engagierte sich massiv für die Rechte seiner Arbeiter, die Pressefreiheit und eine demokratische Verfassung im rückständigen Mecklenburg. Das führte nahezu zwangsläufig zum Konflikt mit der großherzoglichen Landesregierung. Sie setzte Demmler massiv unter Druck, seine politischen Aktivitäten aufzugeben. Der drehte den Spieß einfach um. Er kündigte als Schlossbaumeister und wandte sich der Politik zu. Demmler wurde zum Mitbegründer und Anführer der internationalen Gewerkschaftsbewegung sowie der deutschen Sozialdemokratie.

zwar kein echter Krieg, aber immerhin ein richtig heißer: 1794 erließen die Bützower Ratsherren ein Verbot, dass allen Gänsen bei strengster Strafe untersagte, frei auf der Straße herumzuwatscheln. Da die Anordnung weder vom Federvieh noch von den Bützower Bürgern für voll genommen wurde, langte die städtische Ordnungsmacht beherzt zu. Sie verhaftete alle freilaufenden Gänse und sperrte sie in einem städtischen Gebäude ein. Was folgte, war ein bis dahin nie gesehener Aufruhr. Unter dem Schlachtruf „Es lebe die Gänsefreiheit" stürmten 800 Bützower das Gänsegefängnis und befreiten die Eingekerkerten. Bis heute erinnert in Bützow ein Denkmal an den heldenmütigen Aufstand.

3 Der russische Revolutionär Lenin hatte besondere Beziehungen zu M-V.

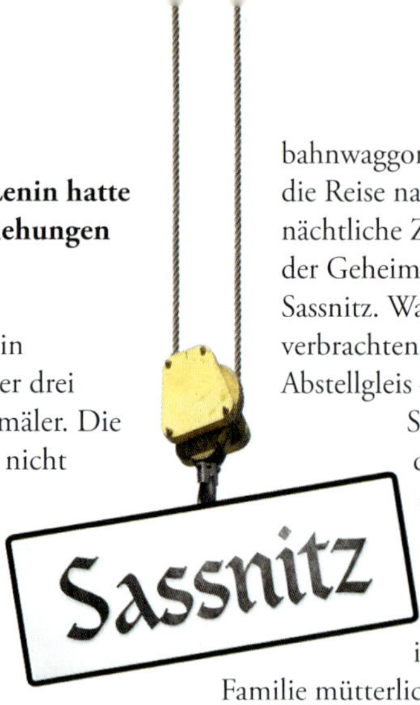

Zu DDR-Zeiten standen in zahlreichen Gemeinden der drei Nordbezirke Lenin-Denkmäler. Die Erinnerung galt natürlich nicht dem ganz besonderen Verhältnis zu Mecklenburg und Vorpommern, sondern ausschließlich seiner „Rolle in der Weltrevolution". Dabei gibt es gleich zwei historische Verbindungen zwischen Wladimir Iljitsch Uljanow (1870–1924) und M-V. Die erste hat direkt mit der russischen Novemberrevolution von 1918 zu tun. Sie fand mitten im Ersten Weltkrieg und unter tatkräftiger Beteiligung des Deutschen Kaiserreiches statt. Um sich Erleichterung an der Ostfront zu verschaffen, halfen deutsche Generäle den russischen Kommunisten. Sie organisierten die Rückreise des im Schweizer Exil lebenden Lenins nach Russland. In einem versiegelten Eisenbahnwaggon schickte man ihn auf die Reise nach St. Petersburg. Eine nächtliche Zwischenstation machte der Geheimzug auf dem Bahnhof Sassnitz. Waggon und Revoluzzer verbrachten eine Nacht auf dem Abstellgleis – bevor beide auf ein Schiff verladen wurden. Ob sich Lenin in diesem Moment seiner zweiten Verbindung zu M-V bewusst war, ist nicht bekannt. Fakt ist jedenfalls, dass seine Familie mütterlicherseits über Jahrhunderte in Mecklenburg lebte. Seine Mutter Maria Alexandrowna Blank entstammte zwar einer wolgadeutschen Sippe, deren Ursprung läßt sich jedoch bis ins 16. Jahrhundert nach Mecklenburg zurückverfolgen. Unter der buckligen Verwandtschaft des Revolutionärs befinden sich beispielsweise der im 16. Jahrhundert in Parchim geborene und später in Lübeck wohnende Fernhändler Johann Granzin, der Pastor Johann Cyriacus Höfer aus Kalkhorst und der Rehnaer Mühlenmeister Johann Jürgen Grosschopff.

4 Die Novemberrevolution 1918 ging in Mecklenburg gemächlich voran.

Mit dem Kieler Matrosenaufstand begann am 3. November 1918 die größte Revolution der deutschen Geschichte. In Mecklenburg führte sie zum Ende einer über 800 Jahre währenden Adelsherrschaft. Ausgangspunkt der Revolution war eine Matrosenmeuterei in Wilhelmshaven. Dort sollten am 29. Oktober 1918 Kriegsschiffe zur „Entscheidungsschlacht" auslaufen – obwohl die militärische Lage Deutschlands komplett aussichtslos war und bereits Friedensverhandlungen geführt wurden. Die Matrosen weigerten sich und besetzten zwei Tage lang ihre Schiffe, dann ließen sie sich festnehmen. Ein Teil der Gefangenen wurde nach Kiel verlegt, wo sich Einwohner in einer Demo solidarisierten. Als Militäreinheiten die Demonstranten beschossen, starben sieben, 29 wurden verletzt. Das war der konkrete Auslöser für Unruhen im ganzen Deutschen Reich. Überall bildeten sich Arbeiter- und Bauernräte, die die Revolution vorantrieben. Nach Mecklenburg schipperte der Aufstand drei Tage später über die Ostsee: Mit einem Schulschiff kamen revolutionäre Kieler Matrosen nach Wismar. Auch in Rostock und Schwerin erhoben sich Arbeiter und Soldaten. Jetzt rächte sich für Großherzog Friedrich Franz IV. (1882–1945) seine jahrelange Untätigkeit. Mecklenburg-Schwerin war mit Abstand das zurückgebliebenste Land Deutschlands – es gab nicht einmal eine moderne Verfassung. Wie im 19. Jahrhundert hatten fast ausschließlich Gutsbesitzer und der Landadel das Sagen. Im Zeichen der Krise berief Friedrich Franz am 8. November hektisch eine neue Regierung ins Amt und beauftragte sie mit der Erarbeitung einer Verfassung. Den Aufständischen unterbreitete er das Angebot, eine zweite, direkt zu wählende Kammer einzurichten. Sich selbst sah er als Oberhaupt in einer konstitutionellen Monarchie. Doch die Zeit für Friedrich Franz IV. war abgelaufen. Als in Berlin und den anderen Ländern reihenweise Fürsten abdankten, gab es auch für ihn kein Halten mehr. Am 14. November, fünf Tage nach Kaiser Wilhelm II., räumte er als einer der letzten deutschen Fürsten seinen Thron und verkrümmelte sich mit der Familie nach Dänemark.

Schauspieler

Von Nordlichtern behauptet man gern, sie seien zurückhaltend, unprätentiös und wenig gesprächig. Eigentlich alles Eigenschaften, die nicht auf Schauspieler zutreffen. Trotzdem sind einige berühmte mit dem Land verbunden.

1 Professor Brinkmann praktizierte zuerst in Schwerin.

Klausjürgen Wussow, besser bekannt als Professor Brinkmann aus der ZDF-Serie „Die Schwarzwaldklinik", begann seine Schauspielkarriere am Schweriner Staatstheater. 1947 verkörperte er den Rolf in Friedrich Wolfs Drama „Professor Mamlock". 1929 im pommerschen Cammin geboren, verschlug es den 16 Jahre alten Wussow kriegsbedingt nach Mecklenburg. Er besuchte in Waren (Müritz) das Richard-Wossidlo-Gymnasium und entdeckte dort seine Liebe zum Theater. Ein Mitschüler Wussows war der später sehr berühmte Dramatiker und Theaterregisseur Heiner Müller. Lange währte Wussows Engagement in Schwerin nicht. Über Stationen in Berlin, Frankfurt/Main, Zürich und München ging er 1964 ans Wiener Burgtheater. Ab 1985 spielte er dann in 70 Folgen die Rolle seines Lebens: „Prof. Brinkmann".

2 Henry Vahl verursachte im Hamburger Ohnsorg Lachstürme.

Durch die Fernsehaufzeichnungen aus dem Hamburger Ohnsorg-Theater wurde der Volksschauspieler Henry Vahl (1897–1977) zum „Willy Millowitsch des Nordens“. Mit seiner bräsigen Art, der markanten Stimme und dem unverwechselbaren Zungenschlag begeisterte er auch in zahlreichen Heimatfilmen ein Millionenpublikum. Seine Fans dachten meist, Vahl sei ein echter Hamburger Jung. Doch weit gefehlt! Henry Vahl ist Stralsunder. Wer genau hinhört, kann es erkennen: Sein Platt hatte eine pommersche Einfärbung.

3 Matthias Schweighöfer wurde im vorpommerschen Anklam geboren.

Er ist einer der erfolgreichsten Nachwuchsschauspieler Deutschlands: Matthias Schweighöfer. Seine ersten Lebensjahre verbrachte er in Anklam. Am dortigen Theater arbeiteten seine Eltern als Schauspieler. Schon im zarten Alter von drei Jahren schnupperte Schweighöfer Bühnenluft – zusammen mit seiner Mutter trat er in einem Stück auf.

4 Angelika Milsters Wiege stand im mecklenburgischen Neustrelitz.

Musical- und Schauspielstar Angelika Milster ist eigentlich eine waschechte Mecklenburgerin. Ihre Wiege stand im ehemaligen Residenzstädtchen Neustrelitz. Dort wurde sie 1951 geboren. Aufgewachsen ist „die Biggi“ – so ihr Rollenname im Hape-Kerkeling-Klassiker „Club Las Piranjas“ – allerdings in Hamburg.

5 Schon als Schauspielstudentin gewann Kathrin Saß den Silbernen Bären.

Kathrin Saß – die Koma-Mutti aus dem Kassenschlager „Good-Bye Lenin“ – ist eine beliebte und vielfach preisgekrönte Schauspielerin. Geboren und aufgewachsen ist sie in Schwerin als Tochter der ebenfalls bekannten Schauspielerin Marga Heiden. Saß lernte übrigens einen „echten“ Beruf. Sie ist Facharbeiterin für Fernsprechverkehr.

6 Karl Kranzkowski aus Drieberg bei Schwerin ist der bekannte Unbekannte.

Die meisten Fernsehgucker kennen seinen Namen nicht, dafür sein Gesicht und seine hervorragende Schauspielkunst – Karl Kranzkowski ist der große Unbekannte, ohne den heute kaum ein guter TV-Film auskommt. So spielte er unter anderem Haupt- und Nebenrollen in „Helden wie wir“, „Der Untergang“ und „Die Frau vom Checkpoint Charlie“. Aufgewachsen ist Kranzkowski im Dörfchen Drieberg zwischen Schwerin und Gadebusch.

7 Nadja Uhl aus Stralsund ist der absolute Shootingstar des deutschen Kinos.

Kaum eine andere Schauspielerin hat in den vergangenen Jahren so eine steile Karriere hingelegt wie die Stralsunderin Nadja Uhl. Sie drehte unter anderem mit Andreas Dresen „Sommer vorm Balkon“ und mit Volker Schlöndorff „Die Stille nach dem Schuss“. Der niederländische Film „Die Zwillinge“, in dem sie eine Hauptrolle spielte, war für den Oscar nominiert.

8 Devid Striesow aus Bergen begeistert Publikum und Kritiker.

Im Prinzip gibt es kaum einen Filmpreis, den Devid Striesow noch nicht abgesahnt hat. Darunter sogar ein kleines Stück vom Oscar. Im Film „Die Fälscher“, der 2008 die Auszeichnung als bester ausländischer Film gewann, spielte Striesow eine Hauptrolle. Doch hinter den Preisen steckt eine Menge Arbeit. Kaum jemand dreht so rastlos wie der Rüganer. Zum Energietanken fährt Striesow – der heute in Berlin lebt und die Haupstadt als “die schööhöönste Staahaadt“ der Welt beschreibt – übrigens immer noch nach Rügen.

9 Conrad Ekhof ist der Urahn der deutschen Schauspielkunst.

Viele Jahre zog Conrad Ekhof (1720–1778) mit seiner bunten Schauspieltruppe durch Deutschland – dann berief ihn der theaterbegeisterte Schweriner Herzog Christian Ludwig II. (1683–1756) zum Hofkomödianten mit festem Gehalt. In der mecklenburgischen Residenzstadt gründete er am 28. April 1753 die erste deutsche Schauspielakademie – ein Meilenstein der Theater- und Schauspielgeschichte.

Sturköppe

Mecklenburger und Vorpommern werden oft als Fischköppe klassifiziert – dabei sind die meisten eher Sturköppe. Dass diese Eigenschaft nicht die schlechteste ist, zeigen die Geschichten von besonders eigensinnigen Männern.

1 Otto Lilienthal aus Anklam setzte sich das Fliegen in den Kopf – und schaffte es.

Der Traum vom Fliegen ist so alt wie die Menschheit, doch Umsetzungsversuche scheiterten regelmäßig: egal ob bei Ikarus, der mit seinen Wachsflügeln der Sonne zu nah kam und abstürzte, oder beim Schneider von Ulm, der zwar überlebte, aber vor dem Spott der Nachbarn floh. Irgendwann setzte sich die Gewissheit durch, dass der Mensch nie fliegen wird. Noch im Jahr 1895 war sich der berühmte englische Mathematiker Kelvin sicher: „Maschinen, die schwerer als Luft sind, können niemals fliegen!“ Zwei Dinge entschuldigen Kelvin. Zum einen kannte er die Versuche Otto Lilienthals (1848–1896) nicht, zum anderen glaubte er auch, dass sich Röntgenstrahlen als großer Betrug herausstellen. Lilienthal flog jedenfalls 1891 als erster Mensch kontrolliert durch die Luft. Seine Leistung war kein Zufall, sondern verdankt sich einem typisch pommerschen Sturkopp. Der Anklamer Maschinenbauingenieur setzte sich früh zwei Dinge in den Kopf: „Erstens: Menschen können fliegen! Zweitens: Ich bin der erste!“ Um diese Ziele zu erreichen, ging Lilienthal

planmäßig vor. Jahrelang beobachtete er Störche und andere Vögel, studierte ihre Start- und Landetechnik und untersuchte detailliert ihren Flügelbau. Seine Erkenntnisse brachte er gezielt in die Öffentlichkeit. Er hielt Vorträge und veröffentlichte unzählige Bücher und Aufsätze. Lilienthals Motto: „Die Natur entfaltet in den Bewegungsformen des Vogelflügels eine Harmonie der Kräftewirkungen, welche uns so mit Bewunderung erfüllen muß, daß es uns nur nutzlos erscheinen kann, wenn auf anderen Wegen versucht wird zu erreichen, was die Natur auf ihrem Wege so schön und einfach erzielt." 1891 war es so weit: Mit einem Gleitflieger stürzte sich Lilienthal von einem Hügel und konnte so als erster Mensch fliegen. Die Strecke: 15 Meter. Zahllose weitere Versuche zur Verbesserung der Technik folgten, bis der Flugpionier 1896 tödlich verunglückte. Ohne den norddeutschen Sturkopp gäbe es vielleicht keine Flugzeuge. Und keinen Stabilbaukasten – denn den erfand er nebenbei auch noch.

2 **Störtebeker war ein echter Sturkopp – selbst ohne Kopf auf seinen Schultern.**

Wo Klaus Störtebeker (1360–1401) genau geboren wurde, ist nicht mit hundertprozentiger Sicherheit zu sagen. Wismar, Barth, Rügen, Poel, Rotenburg – mittlerweile gibt es viele Orte, die sich mit dem Piraten schmücken. Das war nicht immer so. Schließlich galten Störtebeker und seine Crew im 14. Jahrhundert als Schrecken der Ostsee und wurden gnadenlos verfolgt. Als historisch gesichert gilt, dass sich Störtebeker um 1380 in Wismar aufhielt. Im Gerichtsprotokollbuch der Hansestadt ist vermerkt, dass man zwei Wismarer Bürger – darunter ein „Nicolao Stortebeker" – der Stadt verwies, weil sie jemandem in einer Prügelei sämtliche Knochen brachen. Neben der belegten Piratentätigkeit für den mecklenburgischen Herzog Albrecht III. (1338–1412) spricht ein weiteres Indiz für Störtebekers mecklenburgische respektive pommersche Herkunft: Seine ausgeprägte Sturköpfigkeit. Sie zeigte sich besonders eindrucksvoll am Ende seines Lebens. Nachdem der Pirat und seine Jungs durch einen Hinterhalt vor Helgoland in Gefangenschaft kamen, brachte man sie nach Hamburg und wollte sie dort am 20. Oktober 1401 öffentlich hinrichten. Störtebeker handelte mit dem Hamburger Bürgermeister jedoch einen besonderen Deal aus. Die Abmachung: Störtebeker war als Erster zu köpfen. Sollte er danach noch in der Lage sein, sich zu bewegen, wären alle Männer freizulassen, an denen er ohne Kopf vorbeilaufen würde. Gesagt – geköpft – gelaufen: Störtebeker stakste – so wie er es sich als Sturkopp vorgenommen hatte – kopflos an seinen Mannen vorbei. Nachdem er auf diese Weise bereits elf Piraten meinte das Leben gerettet zu haben, setzte der Henker dem Treiben ein unfaires Ende. Er warf mit dem Richtbock nach Störtebeker, der nur so zu Fall kam. Genutzt hat die ganze Sturköpfigkeit übrigens nichts – der Hamburger Bürgermeister brach sein Versprechen und ließ alle Männer hinrichten.

3 Heinrich Schliemann aus Neubukow grub das sagenhafte Troja aus.

Nur dank der Sturköpfigkeit eines mecklenburger Pastorensohns wurde eine internationale Geschichtsdebatte eindrucksvoll beendet. Lange diskutierten Historiker energisch darüber, ob es die sagenumwobene griechische Stadt Troja je gegeben habe oder ob die Mythen ein reines Phantasieprodukt seien. Der Überlieferung von Homers „Illias" zufolge gelang den Griechen die Einnahme Trojas nur durch einen trickreichen Plan. Zehn Jahre belagerten sie die Stadt erfolglos, dann bauten sie ein riesiges hölzernes Pferd, schoben es vor die Stadttore und zogen zum Schein ab. Die Trojaner glaubten, das Pferd sei eine Siegtrophäe und verfrachteten es in ihre Stadt – ohne zu wissen, dass sich im Inneren eine Truppe Krieger befand. Die schlichen in der Nacht aus ihrem Versteck, öffneten die Stadttore und ließen die eigenen Truppen hinein. Innerhalb kurzer Zeit fiel Troja – der Ruhm überdauerte die Jahrtausende und erreichte auch den kleinen Schuljungen Heinrich Schliemann (1822–1890). Als 8-Jähriger bekam er ein illustriertes Buch mit der Geschichte Trojas geschenkt und setzte sich in den Schädel: „Ich findeTroja!" Obwohl ihm im Laufe seines Lebens viele Menschen einzureden versuchten, alles sei nur ein Mythos, blieb Schliemann stur der Ansicht, dass die Stadt existiert habe und nur darauf warte, von ihm ausgebuddelt zu werden. Zunächst widmete er sich jedoch realen Dingen und wurde ein erfolgreicher Kaufmann. In St. Petersburg betrieb er ein Handelsunternehmen, spekulierte mit großem Gewinn in den USA und verdiente sich im Krimkrieg eine goldene Nase. Mit knapp 40 Jahren setzte sich Schliemann zur Ruhe und frönte nur noch seiner Troja-Leidenschaft. Im Sommer 1868 machte er sich auf zur Grabungstour ins Osmanische Reich ein. In der Nähe der heutigen türkischen Stadt Çanakkale grub er die Erde um und fand: nichts. Als die geplante Grabungszeit vorbei war, wollte Schliemann unverrichteter Dinge abreisen. Doch zum Glück verpasste er sein Schiff und mußte länger bleiben. Ein Engländer gab ihm den Tipp, den Hügel von Hisarlık zu untersuchen. Und tatsächlich: Nach wenigen Metern stießen Schliemann und seine Helfer auf trojanische Reste!

Universitäten

M-V ist eines der wenigen Bundesländer ohne Studiengebühren. Kein Wunder also, dass die Zahl der Studierenden wächst. Ostseenähe, eine gute Betreuung durch Dozenten und eine reiche Universitätsgeschichte sind weitere gute Gründe für ein Studium im Nordosten.

1 Immer mehr Jugendliche finden am Studieren in M-V Gefallen.

In Mecklenburg-Vorpommern studieren rund 37.000 Studenten und Studentinnen. Sie finden besonders gute Bedingungen vor: In kaum einem anderen Bundesland ist das zahlenmäßige Verhältnis von Studierenden und Wissenschaftlern so günstig wie in M-V. Kein Wunder also, dass überdurchschnittlich viele Studenten ihr Studium in der Regelstudienzeit abschließen. Die Auswahl an Unis und Fachhochschulen ist bunt: Die beiden staatlichen Universitäten in Rostock und Greifswald bieten mit 70 beziehungsweise 50 Studienrichtungen einen breiten Fächerkanon. Spezialisiert sind hingegen die fünf Fachhochschulen des Landes. Sie sitzen in Wismar, Güstrow, Schwerin und Neubrandenburg. Auch die Hochschule für Musik und Theater Rostock gilt als FH. Ganz neu im Land ist die private Hochschule „Baltic College“ mit Standorten in Schwerin, Güstrow und Rostock.

2 An der Rostocker Uni geht das Studieren auch über Probieren.

Die Mensa Süd der Universität Rostock gilt als eine der besten Mensen Deutschlands. Seit vielen Jahren verteidigt sie ihren Spitzenplatz in bundesweiten Wettbewerben. Nach Ansicht ihrer Gäste liegt die Stärke der Süd-Mensa vor allem in den Bereichen „Auswahl" und „Geschmack". Kartoffelpapps mit Tütensoße, wie in Massenkantinen üblich, sucht man hier auf Speisekarte und Tellern vergeblich. Stattdessen buhlen „Gebratene Putenbrust auf einer Tomaten-Papaya Salsa", „Broccoli-Nuss-Ecken" und ein täglich wechselndes Fischgericht um hungrige Studentenmägen. Auch die kleine Schwester-Mensa in der St.-Georg-Straße schneidet im bundesweiten Vergleich super ab. Anfang 2009 wurde sie zum Testsieger in den Bereichen „Service" und „Freundlichkeit" gekürt. Kein Wunder also, dass sich so mancher Langzeitstudent in Rostock liebend gerne an eine Lebensweisheit hält: Probieren geht über´s Studieren.

3 In der Kleinstadt Bützow existierte für einige Jahre eine Universität.

Aus Ärger über die Rostocker Alma Mater gründete der mecklenburgische Herzog Friedrich (1717–1785) im Jahr 1760 eine Universität in Bützow. Hintergrund des Streites war die Besetzung eines theologischen Lehrstuhles. Friedrich wollte einen ihm in theologischen Fragen nahestehenden Professor einsetzen. Doch die Uni-Leitung und der Magistrat der Stadt erteilten dem Herzog eine deutliche Abfuhr. Weil er nichts dagegen ausrichten konnte, beauftragte Friedrich seinen Wunschprofessor mit der Gründung einer Uni in Bützow. Der Streit zwischen dem Schweriner Landesherren und den aufmüpfigen Rostockern war damit nicht zu Ende. Als Friedrich versuchte die Rostocker Bibliothek nach Bützow zu bringen, klagte die Stadt vor dem Reichskammergericht. Folge: Die Bücher blieben in Rostock, durften aber nicht mehr benutzt werden. Sie wurden in einem Raum weggeschlossen. Lange dauerte das Experiment der Bützower „Dorf-Uni" nicht. Nach 29 Jahren vereinigte Friedrichs Nachfolger Friedrich Franz I. (1756–1837) im April 1789 beide Hochschulen. Ab da durfte man die Rostocker Bücher wieder lesen.

4 Die Rostocker Uni war nicht immer in Rostock zu Hause.

Die Universität Rostock ist die älteste Uni Nordeuropas und die drittälteste Deutschlands. Am 12. November 1419 wurde sie auf Betreiben der katholischen Kirche gegründet. Papst Martin V. (1368–1431) bestimmte in seiner Stiftungsurkunde den Bischof von Schwerin zum „immerwährenden Kanzler der Universität" und klärte gleich auch die Zuständigkeiten für Prügeleien unter Studenten: „Haarausreißen, Ohrfeigen oder Faustschlag mit Ausschluss von Verstümmelungen und Blutaustritt" fielen allein in die Uni-Gerichtsbarkeit. Auf den ersten Blick kurios: Martin erlaubte zwar die Gründung einer medizinischen, juristischen und philosophischen Fakultät, verbot aber die Einrichtung eines theologischen Zweiges. Er fürchtete sich vor potentiellen Ketzern. Erst 1433 – nach dem Tod des Papstes – konnte in Rostock auch die klassische vierte Uni-Säule eingerichtet werden. Ganz unbegründet war die Sorge Martins nicht: Weil es in Rostock mehrfach zu Unruhen kam, verhängten seine Nachfolger zweimal einen Bann gegen die Stadt und befahlen der Hochschule, sie zu verlassen. Jedes Mal packten Studenten und Professoren ihre Sachen und zogen davon. Von 1437 bis 1443 ging es ins Exil nach Greifswald, von 1487 bis 1488 zunächst nach Wismar und dann nach Lübeck. Mit der Reformation begann der große Aufstieg zu *der* Universität des Nordens. Eine internationale Studentenschar aus Skandinavien, Holland und dem Baltikum genoss in Rostock ihre Ausbildung. Unterdessen verlor die Kirche zunehmend ihren Einfluss – dafür stritten sich die Schweriner Herzöge und die Stadt Rostock, wer genau das Sagen hatte. Heute ist die Rostocker Uni die größte Hochschule des Landes. Etwa 14.000 Studenten und rund 350 Professoren widmen sich hier dem Wissenserwerb und der Forschung in 70 Disziplinen

5 Die Greifswalder Uni lockt ihre Studenten nicht nur mit Strandnähe.

Ohne den engagierten Greifswalder Bürgermeister Heinrich Rubenow (1400–1462) gäbe es die zweitälteste Universität Nordeuropas nicht. Der vermögende Rubenow stiftete aus privatem Vermögen das Gründungskapital. Auf die Idee, in seiner Stadt eine Hochschule einzurichten, kam Rubenow, als die aus Rostock exilierte Uni ihren Lehrbetrieb für sieben Jahre in Greifswald durchführte. Rubenow überzeugte den pommerschen Landesherren Wartislaw IX. (1400–1457) von der Gründung, so dass die Uni am 17. Oktober 1456 ihren Betrieb aufnahm. Zügig entwickelte sie sich zu einer der wichtigsten im baltischen Raum. Mit der 1604 gegründeten Universitätsbibliothek schufen die Greifswalder die erste derartige Einrichtung Deutschlands. Zu ihren Studenten, die später mal richtig berühmt wurden, zählen Johannes Bugenhagen, ein Freund Martin Luthers und der wichtigste Reformator Norddeutschlands, und Otto von Bismarck. Die Greifswalder Universität ist auch die einzige Hochschule M-Vs, die Nobelpreisträger hervorbrachte. Der Physiker Johannes Stark erhielt 1919 den Nobelpreis für Physik. 1939 wurde dem Mediziner Gerhard Domagk die höchste wissenschaftliche Auszeichnung zuteil. Zugleich stehen beide Wissenschaftler exemplarisch für ein dunkles Kapitel deutscher Wissenschaftsgeschichte. Während Stark glühender Nazi war, der Einstein und die Relativitätstheorie als jüdisch abqualifizierte und ihr seine lächerliche „deutsche Physik" entgegenstellte, litt Domagk unter den Nazis. Weil er trotz Verbots den Nobelpreis annahm, wurde er verhaftet. Ein ebenfalls nicht unumstrittenes Erbe ist der Name der Universität. Seit 1933 heißt sie „Ernst-Moritz-Arndt". Der Historiker Arndt (1769–1860) spaltet: Einige sehen ihn als Patrioten im Kampf gegen Napoleon, andere nur als einen antisemitischen Nationalisten. Heute machen die Greifswalder vor allem mit positiven Schlagzeilen auf sich aufmerksam. Unabhängige Studien kürten die Stadt zur dynamischsten und jüngsten Unistadt Deutschlands – ganz ohne Seebonus.

Weinbau

Weinbau in Mecklenburg-Vorpommern – das klingt wie Sommerurlaub in der Antarktis. Dabei ist das Land nicht nur Deutschlands nördlichste Weinregion, es hat auch eine lange Weintradition.

1 Bevor Mammuts durch M-V trampelten, wuchs bereits wilder Wein.

Schon vor 65 Millionen Jahren gab es wilden Wein in M-V. Den Nachweis darüber erbrachte 1911 der Botaniker Julius Schuster. Er untersuchte einen fossilen Kalkstein mit einem eingeschlossenen Holzstückchen. Der Stein lag im Stockholmer Naturkundemuseum, stammt aber ursprünglich von der Greifswalder Oie. Schuster machte die sensationelle Entdeckung, dass es sich beim Holz um Reste einer Weinrebe aus dem Ende der Kreidezeit handelt. Zum Zeitpunkt von Schusters Fund galt die Greifswalder Rebe damit als die älteste der Welt. Und noch etwas stellte der Biologe fest: Das vorpommersche Exemplar ist eng verwandt mit einer noch existierenden nordamerikanischen Art. Mit der Eiszeit kam das Aus für den Greifswalder Wein – er erfror.

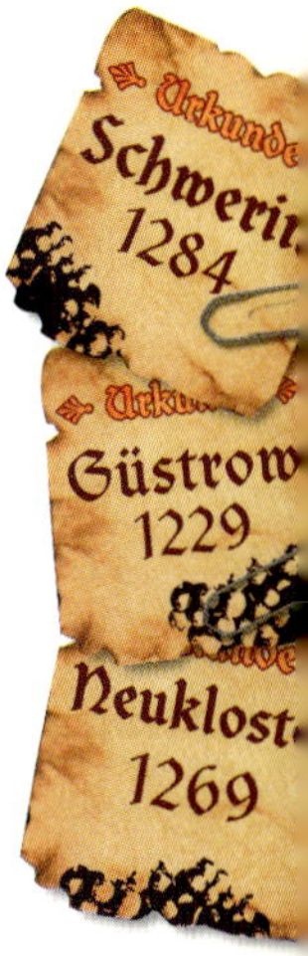

2 Vor rund 800 Jahren wurden die ersten Weinpflanzen in M-V kultiviert.

In Mecklenburg und Pommern gab es lange Zeit kein großes Interesse an Wein. Die Einheimischen tranken lieber Met und Bier. Das änderte sich mit der Christianisierung des Landes. Weil Christen für bestimmte religiöse Rituale wie das Abendmahl den edlen Saft benötigen, gab es ab dem 13. Jahrhundert plötzlich auch im Nordosten Nachfrage nach Wein. Da keiner vorhanden war, musste er aus südlicheren Gebieten eingeführt werden – ein logistisch aufwändiges und kostspieliges Unterfangen. In einigen Klöstern pflanzte man daher mehr oder weniger erfolgreich Weinstöcke an. So hegten die Nonnen des Zisterzienserklosters Sonnenkamp bei Neukloster im Jahr 1269 nachweislich eigenen Wein. Alte Urkunden belegen zudem Weinberge in Güstrow, Schwerin, Bützow, Goldberg, Lübz, Neubrandenburg, Plau, Sternberg und Waren. Mit einem europaweiten Abfall der Temperaturen im 14. Jahrhundert endete das Experiment. Bis heute erinnern Straßennahmen wie „Weinbergstraße“ oder „Am Weinberg“ an die alte Nutzung.

3 Herzog Heinrich V. überzog das Land mit lauter Weinbergen.

Mit Herzog Heinrich V. (1479–1552) verbindet sich das wichtigste Weinbau-Kapitel Mecklenburgs. Bereits in seinem ersten Amtsjahr 1504 forcierte er den Weinbau. Heinrich ließ geeignete Flächen ausfindig machen und schickte einen Vertrauten ins Rheinland, um Rebstöcke anzukaufen. Bereits ein Jahr später trugen die ersten Weingärten in Schwerin und Lübz ansehnliche Trauben. Heinrich kam auf den Geschmack und ließ weitere Pflanzen und Fachleute in sein Land bringen. Nur vier Jahre nach dem Beginn seiner Regentschaft gab es in Schwerin, Lübz, Plau, Grevesmühlen und Stargard fürstliche Weinberge. Qualitativ hochwertig scheinen die gekelterten Produkte allerdings nicht gewesen zu sein. In einem überlieferten Befehl ordnete der Herzog ausdrücklich an, dass seinen Kreditgebern auf keinen Fall Plauer Wein ausgeschenkt werde dürfe. Vielmehr solle nur guter Rheinischer aus Wismar oder Rostock geholt werden, da diese Leute nicht gewohnt seien, ein solch saures Gesöff zu trinken. Mit dem Tod Heinrichs kam der Weinbau in Mecklenburg bald zum Erliegen. Die zur Pflege der Stöcke verpflichteten Bauern und Kommunen wurden durch Heinrichs Sohn entbunden – die Anlagen verfielen. Zaghafte Wiederbelebungsversuche gab es häufig. So ließ Herzogin Louise Friederike (1722–1791), die ursprünglich aus dem Weinland Württemberg stammte, neben der Schweriner Schleifmühle pflanzen. Den gewonnenen Rebensaft soll die Herzogin auch tapfer getrunken haben. Als französische Truppen 1810 in Schwerin stationiert waren, schnappten sich die Soldaten das letzte Fass des Schweriner Weines und tranken es aus.

4

Im 19. Jahrhundert versuchte sich ein Crivitzer Bürgermeister als Winzer.

Im wenige Kilomter südlich von Schwerin gelegenen Städtchen Crivitz gibt es bis heute eine Weinbergstraße. Tatsächlich weist der Name auf einen früheren Weinberg hin. 1831 kaufte der Crivitzer Bürgermeister Schlüter den Hügel am Ortseingang, ließ darauf Terrassen anlegen und mit 6.000 rheinischen Rebstöcken bepflanzen. Lange waren die Erträge äußerst mau. Erst nach dem Jahrhundertsommer 1834 konnte Schlüter eine brauchbare Menge ernten. An Schadenfreude in puncto Geschmack mangelte es hingegen nie. So kalauerte Fritz Reuter (1810–1874) über den Crivitzer Wein, er habe das „hiesige Klima nicht recht vertragen“ und „allerlei saure Gesichter“ geschnitten. Daher sci es für den Wein besser, er würde „in seine wärmere Heimat zurückkehren und sich lieber von dort aus mit Mecklenburg im Verkehr halten“. Probiert hat Reuter den Crivitzer Wein nicht: „Man hat mir versichert, daß das gekelterte Produkt der Crivitzer Berge den Durst ausgezeichnet löschen soll, vorzüglich wenn man es in der Gestalt von Weinessig, mit Wasser vermischt, trinkt. Man müsse aber von der kräftigsten Gesundheit seines Magens überzeugt sein. Ich selbst habe keine Erfahrung darin und mag in meinen alten Tagen meine Verdauungswerkzeuge nicht mehr auf eine so harte Probe stellen.“ Das Ende für den Weinbau in Crivitz kam 1855. Aber nicht wegen der hämischen Kommentare, sondern durch den Wegfall hoher Zollgebühren für ausländische Weine. Die Tropfen aus Italien, Spanien und Frankreich schmeckten nicht nur besser, sie waren auch preiswerter als die heimischen.

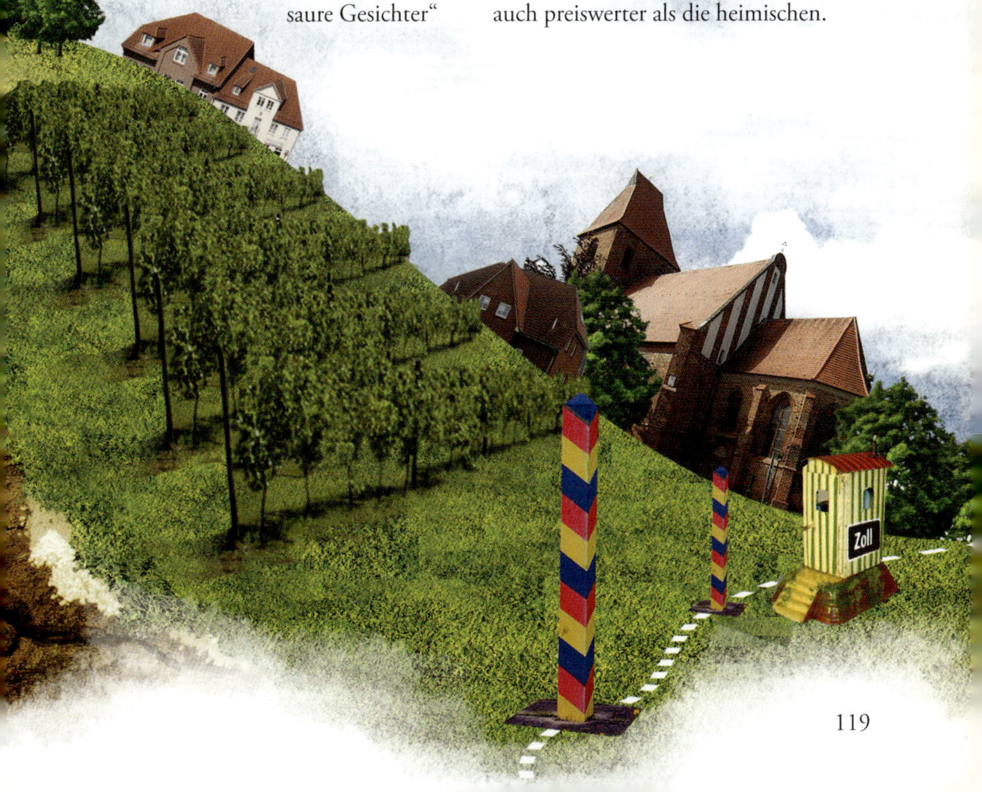

5 Die Auslese in Rattey und Stargard kann sich sehen lassen.

Im Jahr 2008 feierten die Stargarder ein rundes Jubiläum: 500 Jahre Weinbau in ihrem Ort. Das Fest zollte aber nicht nur der Historie Respekt, sondern auch den Aktivitäten des örtlichen Privatwinzervereins. Der 1999 gegründete Verein reaktivierte die Weinbautradition und kümmert sich mittlerweile um 14.000 Rebstöcke, die rund um Schloss Rattey und Burg Stargard stehen. Stuart Pigott, einer der profiliertesten Weinkenner und -journalisten Deutschlands, urteilte über den dort produzierten „Mecklenburger Landwein": „Viel rote und schwarze Beerenfrucht, ganz dezente sanfte Gerbstoffe und kein Hauch von grüner oder spitzer Säure finden sich in diesem erstaunlichen Rotwein von jenseits 53°Nord; besser als viele Rotweine aus dem Beaujolais!" Vorausgesetzt, die klimatischen Bedingungen bleiben ähnlich wie in den letzten Jahren, prophezeit Pigott den Vereinswinzern eine vielversprechende Zukunft.

6 Nur weil sich Rheinland-Pfalz solidarisch zeigte, ist M-V offizielle Weinregion.

Seit April 2004 ist das Stargarder Land offiziell anerkannte Weinregion. Möglich wurde das nur durch freundliche Hilfe aus Rheinland-Pfalz. Da Weinbaukontingente in Europa stark reglementiert sind, durften die Mecklenburger nicht einfach Wein anbauen und verkaufen. Erst als sich die Süddeutschen bereit erklärten, 3,75 Hektar Anbaufläche abzutreten, konnte es losgehen.

7 Auf Usedom gedeihen Trauben auf Deutschlands nördlichstem Weinberg.

Auf Deutschlands nördlichstem Weinberg im Seebad Loddin auf der Insel Usedom wird seit 2002 geerntet. Dort stehen genau 99 Rebstöcke. Mehr dürfen's wegen der Weingesetze nicht sein. Angebaut werden die weiße Sorte Chardonnay und die roten Sorte Cabernet. Auch in Lodmannshagen bei Anklam versucht sich ein Winzer.

8 Die Lübecker schenken den Schwerinern jedes Jahr ein Fass Wein.

Jedes Jahr am 11. November, dem Martinstag, kommen die Schweriner ziemlich billig zu einem Fass Wein. Seit 1504, andere Quellen sprechen von 1302, bringt der Lübecker Martensmann in der Landeshauptstadt ein Fass Rotspon vorbei. Früher übergab er es an den Herzog, heute nimmt die Oberbürgermeisterin das Geschenk entgegen. Beim Martensmann handelt es sich um einen Ratsdiener der Stadt Lübeck. Zusammen mit zwei „ehrbaren Zeugen" macht er sich am Morgen des 9. Novembers auf den Weg. Seine erste Station ist die Gemeinde Schönberg vor den Toren der Hansestadt, wo er zu Mittag isst. Im ebenfalls nicht weit entfernten Rehna muss er dann traditionell übernachten. Von Nachtruhe kann jedoch keine Rede sein – der Martensmann wird von Kindern und sonstigen Wegelagerern gestört und kann sich nur mit Hilfe von Süßigkeiten, Nüssen und Kleingeld etwas Schlaf erkaufen. Am Abend des 10. Novembers erreicht der kleine Trupp schließlich Schwerin, wo er sein Nachtlager aufsucht. Von dort wird der Martensmann am nächsten Morgen abgeholt und zum Schloss begleitet. Dort soll – durch zahlreiches Trinkgeld unterstützt – das Fass überreicht werden. Doch dazu kommt es nie. Ein sorgsam mit Masken getarnter Mob jagt dem Martensmann den Rotwein ab. Der Abend gestaltet sich für die Lübecker sehr viel entspannter. Sie werden zu einem Gelage in das Schloss geladen, wo eine sorgsam zusammengestellte Festtafel mit genau festgelegten Speisefolgen (Gänse, Hirsche, Lachse und so weiter) auf sie wartet. Wie es zu dem Brauch kam, ist nicht restlos klar. Während die Lübecker darauf bestanden, dass es sich um eine freiwillige Gabe handele, pochten die Mecklenburger darauf, dass es um eine Art Tributpflicht gehe. Wie auch immer: Nach langwierigen Konsultationen wurde der Brauch 1817 zum letzten Mal vollzogen. Der Schweriner Herzog verzichtete offiziell auf das Fass Wein, die Lübecker im Gegenzug auf ein Postmonopol. Erst seit 1991 macht sich der Martensmann wieder auf die Reise. Zwei Jahre nach dem Fall der innerdeutschen Grenze wurde der alte Brauch, auch auf Initative des damaligen schleswig-holsteinischen Ministerpräsidenten Björn Engholm, wiederbelebt. Von Lübecker Seite und diesmal definitiv freiwillig.

Weltrekorde

Sportliche Weltmeister und Olympiasieger kann M-V eine Menge aufbieten. Aber auch abseits von Stadien, Hallen und Aschenbahnen gibt es Weltrekordler in zugegeben seltsamen Disziplinen.

1 Hartmut Timm kann am aller-aller-aller-aller-aller-...-allerlängsten singen.

Beinhart erkämpft ist der Weltmeistertitel von Hartmut Timm aus Waren. Im November 2006 trällerte er sich zum Rekord im Ausdauersingen. Angefeuert von seinen Groupies zwischerte er in einer Kneipe Volkslieder und Schlager. Bei „Über sieben Brücken musst Du gehen“ versagten schließlich seine Stimmbänder. Kein Problem: Mit 59 Stunden und 15 Minuten war es Timm gelungen, den amtierenden Weltmeister Antonio Di Modugno aus Bari (Italien) um eine Dreiviertelstunde zu überbieten und seinen früheren Titel zurückzuerobern. Der Italiener hatte dem Mecklenburger ein Jahr zuvor den 1. Platz abgenommen. Seine Siegesrede konnte Timm nur krächzen.

2 Ein Trabbifanclub aus Anklam stapelte viel Bier in die Rennpappe.

Wie viele Kisten Bier passen in einen handelsüblichen Trabant? Dieser – für manchen vielleicht überlebenswichtigen – Frage ging der „Trabbi Buggy Club" Anklam 2003 auf den Grund und stellte zugleich einen Weltrekord im „Bier-im-Trabbi-Stapeln" auf. Die Antwort: 1.500 Flaschen à 0,5 Liter. Das entspricht 75 Kästen und 1,5 Tonnen Gewicht. Mit der enormen Zuladung versehen, drehte der Trabbi noch eine 1.500 Meter lange Ehrenrunde übers Vereinsgelände – dann wurde der Rekord feucht-fröhlich gefeiert. Getränke waren schließlich in rauen Massen verhanden. Beim Bier begingen die Trabbi-Enthusiasten gleichzeitig ihren 13. Rekord. In den Jahren zuvor hatten sie unter anderem Colaflaschen – es passen genau 1.522 Flaschen à 0,5 Liter hinein – und Menschen (23 Erwachsene) in den Trabanten gestapelt.

3 Für Rekordschnitzel braucht man eine Menge Zutaten und Formulare.

8 Kilogramm Schweinefleisch, 4 Liter Ei, 4,5 Kilogramm Paniermehl, 1,5 Kilogramm Mehl, 150 Gramm Salz und Pfeffer sowie 2 Liter geklärte Butter – mit diesen Zutaten könnte man das größte Schnitzel der Welt fabrizieren. In Koserow auf der Insel Usedom taten dies vier Köche im Sommer 2008. Mit dem Riesenschnitzel wollten sie ins Guinness-Buch. Der Rekordversuch glückte – ein Durchmesser von rund 2 Metern reichte, um Weltmeister zu werden. Doch die Usedomer freuten sich zu früh: Wegen eines Missgeschicks stehen sie nicht offiziell im Buch der Rekorde. Das Paket mit Anmeldeformular und notarieller Beglaubigung kam in London nie an – die Post verbummelte es.

4 Rostocker sind ganz toll im Ostereier-im-Baum-Aufhängen.

Ostern 2007 gelang dem Rostocker Zoo in einer dramatischen Entscheidungsschlacht der Weltrekord im Ostereier-Aufhängen. 76.596 bunt bemalte Eier baumelten über die Feiertage an einem einzigen Baum. Der Dresdner Zoo, der sich im gleichen Jahr und in der selben Disziplinen ebenfalls zum Weltmeister aufschwingen wollte, versagte hingegen jämmerlich. Rostocks Angstgegner nahm zwar vor dem Start des Wettbewerbs den Mund voll und propagierte den eigenen Sieg. Am Ende mussten sich die Sachsen mit schlappen 20.030 Eier geschlagen geben. Apropos Zahlen: Wären die Rostocker Ostereier zu Eiersalat verarbeitet worden, hätte es für geschätzte 213.435 Stullen (Muttis Rezept & mitteldicke Beschmierung) gereicht. Nähme man noch die Dresdner Eiermasse hinzu, ergäbe das in etwa den 4.326-fachen Cholesterin-Lebensbedarf eines normalen Mitteleuropäers. Also: „Hut ab“ vor der grandiosen Rostocker Leistung!

5 Das längste Lied der Welt brauchte viele Poeten und eine Menge Reime.

Fünf Jahre dichteten Hobbypoeten aus Westmecklenburg am längsten Lied der Welt. Im Frühjahr 2009 stellten sie es vor. Ihre Grundidee: Für alle 52.200 Eisenbahnschwellen zwischen Rehna und Schwerin sollte je eine Zeile geschrieben werden. Darunter auch Themen wie „Bundesgartenschau“, „Firmenwerbung“ sowie „Frivoles und Derbes“. Insgesamt entstanden 6.525 Strophen. Eine Kostprobe: „Der Zug war bunt und nett geschmückt,/ein Mönch war da zu sehn, verrückt./Und Räuber Vieting prangt daneben,/ in grüner Räuberkleidung eben.“ Gesungen werden die Strophen zur Weise „Auf der schwäbschen Eisenbahne“. Und jetzt alle: „Heute geht es viel bequemer,/ leicht und flott und angenehmer./Mit den schönen neuen Zügen,/ist das alles ein Vergnügen./Rulla, rulla, ruliala,/rulla, rulla, rullaia.“

6 In Wismar zuckelte der längste Kutschenkorso der Welt durch die Innenstadt.

Im Juni 2006 trabten rund 500 Pferde durch die Hansestadt Wismar – beim längsten Kutschenkorso der Welt. 235 Gespanne bildeten einen Zug von mehr als 3 Kilometern Länge. Darunter gab es jede Menge historische Wagen, wie alte Postkutschen, Jagdwagen, Landauer, Milchwagen und Ponykutschen. Besonders kurios: eine Trabbikutsche. 50.000 Menschen jubelten am Straßenrand zu. Die Zahl der Pferdeäpfel, die auf Wismars Straßen landete, wurde statistisch nicht erfasst.

7 Das größte Gummibärchen der Welt schmeckt nach Erdbeeren.

Im Oktober 1999 wurde das größte Gummibärchen der Welt in M-V hergestellt. „Hagi-Boi", benannt nach seinen Geburtsorten Hagenow und Boizenburg, war ein echter Pfundskerl. 633 Kilogramm schwer und 1,68 Meter groß, überzeugte er in der Geschmacksrichtung Erdbeer. Mit Unterstützung einer Metallbaufirma und eines Betonwerks wurde extra eine 4,2 Tonnen schwere Spezialform konstruiert, in die die Fruchtgummi-Masse kam. Hagi-Boi trocknete zwei Wochen.

8 Jugendliche aus Ludwigslust bastelten den längsten Trabbi der Welt.

Nach einem Jahr mühsamer Bastelarbeit präsentierten am 8. Oktober 1999 Jugendliche des „Fan- und Jugendclubs 1000 PS" im Motorsportclub Ludwigslust den längsten Trabbi der Welt. Das in den mecklenburgischen Farben blau-gelb-rot lackierte Fahrzeug wurde aus zehn alten Trabanten neu zusammen gesetzt. Auf einer Gesamtlänge von 13,11 Metern können 15 Erwachsenen Platz nehmen und sich bei der Ausfahrt die Sonne direkt auf den Kopf scheinen lassen, denn der Trabbi XXL ist ein Cabrio. Besonders schnell erreicht man sein Ziel mit der Rennpappe nicht: die Höchstgeschwindigkeit beträgt nur 25 km/h. Bei einem Wendekreis von 41,5 Metern ist das Gefährt aber sowieso nicht für große Ausflüge und enge Straßen geeignet. Der Trabbi ist vielmehr ein begehrtes Ausstellungsstück, aber auch als Hochzeitskutsche buchbar.

Werften

Vom kleinen Kutter bis zum großen Luxusliner – in den Werften des Landes werden Schiffe aller Bauarten konstruiert und zusammengeschweißt. Die Industrie ist eine der wichtigsten M-Vs.

1 In den Werften des Landes entsteht ein Großteil der deutschen Schiffe.

M-V ist eine der wichtigsten Schiffbauregionen Europas. Im Jahr 2007 wurden insgesamt 26 Schiffe ausgeliefert. Nach Bruttoregistertonnen gerechnet waren das fast 50 Prozent der gesamten deutschen Produktion. Auch im weltweiten Maßstab kann sich das Land sehen lassen: Der Weltmarktanteil betrug in jenem Jahr stolze 12 Prozent.

2 Viele Menschen finden durch den Schiffbau Lohn und Brot.

5.700 Menschen arbeiten in den großen Werften in Wismar, Rostock, Stralsund und Wolgast. Hinzu kommen weitere Arbeitsplätze in kleinen Werften, die sich zum Beispiel auf Luxusyachten spezialisiert haben. Nicht unerheblich für die regionale Wirtschaft sind die rund 230 Zulieferbetriebe.

3 In der Wismarer Bucht liegt eines der seltsamsten Schiffswracks der Ostsee.

Seit über 60 Jahren liegt mitten in der Wismarer Bucht ein gekentertes Betonschiff. Es wurde in den 1940er-Jahren im früheren pommerschen und heutigen polnischen Swinemünde gegossen. Versuche, das Schiff zu bergen, scheiterten bisher. Betonschiffe waren eine Spezialität der Usedomer Schiffsbauer. Im Zweiten Weltkrieg gossen sie derartige Kolosse aus Beton, weil es einen akuten Stahlmangel gab. Eines der letzten erhaltenen und noch schwimmfähigen Betonschiffe liegt im Rostocker Schiffbaumuseum.

4 Die Rostocker Neptunwerft ist die älteste Großwerft des Landes.

Ende des 19. Jahrhunderts erlebten die Werften in Mecklenburg und Pommern einen dramatischen Niedergang. Sie waren vor allem auf Segelschiffe aus Holz spezialisiert, die aber mit dem Aufkommen von Stahlschiffen kaum mehr geordert wurden. Eine der wenigen frühen Gründungen, die bis heute existiert, ist die Rostocker Neptunwerft. 1850 als „Maschinenbauanstalt und Schiffswerft“ gegründet, lief bereits ein Jahr später ihr erstes Schiff – der erste deutsche Schraubendampfer – vom Stapel. Bald war die Werft die größte an der mecklenburgischen Küste. 1890, bei der Umwandlung in eine Aktiengesellschaft, erhielt sie ihren heutigen Namen: „Neptun Schiffswerft“.

„Heimatkunde – Alles über Mecklenburg-Vorpommern" basiert auf der gleichnamigen TV-Reihe des NDR Nordmagazin.

Die Fernsehreihe ist eine Produktion von Hypolux Film im Auftrag des NDR-Landesfunkhauses Mecklenburg-Vorpommern. Idee, Buch, Regie, Sprecher: Heiko Kreft; Grafiken: Jens-Uwe Grau; Animationen: Robert Wiesner; Schnitt: Peggy Andes; Musik: Hagen Schulz-Zachow; Redaktion (NDR): Sabine Rossbach

www.heimatkunde-mv.de
www.hypolux.de – www.retroscope.com
www.nordmagazin.de

Lizensiert durch Studio Hamburg Distribution & Marketing GmbH

Die verwendeteten statistischen Daten entsprechen dem aktuellen Stand bei Redaktionsschluss im Mai 2009.

Die Deutsche Nationalbibliothek verzeichnet diese Publikation in der Deutschen Nationalbibliographie; detaillierte bibliographische Daten sind im Internet über http://dnb.dbb.de abrufbar.

www.hinstorff.de

2. Auflage 2009

Herstellung
Hinstorff Verlag GmbH

Layout & Grafik
Jens-Uwe Grau

Text
Heiko Kreft

Lektorat
Thomas Gallien

Druck & Bindung
Neumann & Nürnberger, Leipzig
Printed in Germany

ISBN 978-3-356-01328-3